本书获得教育部人文社会科学研究"生命历史…研究"（18YJC840044）项目资助

中国 老年消费
行为决策研究

吴　敏◎著

中国财经出版传媒集团

经济科学出版社

Economic Science Press

图书在版编目（CIP）数据

中国老年消费行为决策研究/吴敏著．－－北京：
经济科学出版社，2022.6
ISBN 978－7－5218－3752－0

Ⅰ.①中…　Ⅱ.①吴…　Ⅲ.①老年人-消费者行为论
-研究-中国　Ⅳ.①F126.1

中国版本图书馆 CIP 数据核字（2022）第 103918 号

责任编辑：顾瑞兰
责任校对：蒋子明
责任印制：邱　天

中国老年消费行为决策研究
吴　敏　著
经济科学出版社出版、发行　新华书店经销
社址：北京市海淀区阜成路甲 28 号　邮编：100142
编辑部电话：010-88191217　发行部电话：010-88191522
网址：www. esp. com. cn
电子邮箱：esp_bj@163. com
天猫网店：经济科学出版社旗舰店
网址：http：//jjkxcbs. tmall. com
北京时捷印刷有限公司印装
880×1230　16 开　7 印张　160000 字
2022 年 6 月第 1 版　2022 年 6 月第 1 次印刷
ISBN 978－7－5218－3752－0　定价：42.00 元
（图书出现印装问题，本社负责调换。电话：010－88191510）
（版权所有　侵权必究　打击盗版　举报热线：010－88191661
QQ：2242791300　营销中心电话：010－88191537
电子邮箱：dbts@esp. com. cn）

前　言

　　消费作为生存质量、物质生活资料权利的基本表现形式之一，是居民福利的核心部分。随着老龄化持续推进，规模庞大的老年人口所蕴含的消费潜力被积极预估。中国居民整体消费水平随经济发展大幅提高，但老年消费并未呈现同样增长幅度。老年消费增长滞后于经济发展，处于以食品、医疗为绝对支出主体的状态。如何提高老年生存福祉、促进积极老龄化，成为政府、社会和学界等多方的重要议题。已有的消费理论多从收入、预期储蓄等出发，集中论证了消费行为发生的作用机制，论证了在未来收入不确定的情况下，行为主体将增加储蓄、减少消费以应对未来可能陷入的风险困境。然而，老年人处于特定的生命阶段，老化的生理性、社会性、心理性等特征决定了老年群体与一般居民消费决策的差异。本书利用多渠道调查数据以及统计资料，采用文献分析法、计量分析方法等工具，探讨了老年消费支出与收入之间的关系，结合老年生理性、社会性、心理性等特征构建消费行为决策的一般分析框架；在此基础上，分析老年人所处的年龄、出生队列以及特有的时期等时空背景下老年消费的独特形成机制，并构建老年消费决策的一般模式。本书得到以下研究结论。

　　第一，老年消费水平偏低、消费结构单一，且消费随收入增长尚未达到边际效用递减的状态，收入对消费的促进作用有限；若将健康储蓄、医疗保健作为消费的常规部分，老年消费倾向仍低于一般居民。老年生理性、社会性、心理性等老化特征决定了老年群体的特殊性，一定程度上有效解释了老年消费倾向偏低的事实。

第二，不同特征老年消费行为迥异。就年龄来看，老年消费呈现"高龄平稳、低龄波动"的特征；就收入差别来看，低收入家庭老年人的消费处于"低位单一稳定"，高收入老年人处于"高位层次起伏"；就城乡差异来看，城市老年人呈现出风险迟钝型消费、农村老年人表现为谨慎型消费，且城乡因素对消费的影响强于不确定预期因素，农村老年人消费水平处于绝对劣势。

第三，基于老年生理性特征，老年人面临的支出以及收入风险成为限制消费力的重要来源。从纵向的时代推移来看，老年收入水平来源增多，消费力有所提升，但对消费水平的促进有限，特别是对消费结构的优化尚不足。生理性老化是生命机体逐渐衰老的动态过程，直接表现为生物机体衰老以及身体机能退化，并伴随老年疾病、健康隐患的增加。健康风险也相应成为老年支出不确定性因素，并负向作用于老年人的心理预期而抑制消费。

第四，基于代际互惠以及老年社会交换等社会性特征，家庭代际资源向下转移导致老年人所获得的资源减少，削弱了老年消费动力与消费选择空间。一方面，受"三明治"家庭的资源约束，孙辈对祖辈所获取的资源产生竞争和冲突，家庭资源从老一代向年轻一代转移；另一方面，中高龄老年人相对比低龄老年人具有一定的资源获取优势与消费优势，但未成年孙辈负向调节两者之间的关系，导致有未成年孙子女的中高龄老年人资源与消费劣势凸显。若将老年人与子女之间的资源交换置于社会或家庭的交换体系中，那么老年人将处于资源地位极不平等的弱势状态，由此导致他们在家庭资源中的非有效竞争，无形中构建了老年负向不确定预期而影响其消费抉择。

第五，基于老年心理性特征，主观预期寿命延长促使老年人重新平滑财富、收入与消费之间的关系，导致其更多扮演"计划者"角色而弱化消费。老年心理认知是伴随社会性老化与生物性老化而出现的心理变化，从中青年向老年阶段的过渡中，秋愁、患得患失等"老年危机"总适时出现。从行为生命周期视角出发，老年人感知的预期寿命不同，对未来更长期消费的规划也相应存在差异，主观预期寿命长者更类似于追逐长期利益的"计划者"，主观预期寿命短者更类似于追求片刻享受的"行动者"。随着社会经济发展以及物质生活条件的改善，初老之人对未来的生命规划期越来越长，以家庭为核心的养老模式极易造成老年资源弱势地位，由此导致老年人狭隘养老观的形成，即"轻生前、重身后"。老年人一方面被动式忽视晚年生活质量，另一方面将更多的情感、物质转移至子女、孙子女，以换取"身后事"的满足，从而造成了老年人极低的消费欲。

第六，从广义的时空效应来看，老年消费行为受年龄、队列、时期等的影响，生命历程所对应的时空特征决定了不同特征老年人消费行为差异。队列消费优势集中于见证物质财富从无到有、从乏到丰的过渡型老年人（1940～1950出生队列）；1950年后出生队列亲历互联网发展、消费方式变革，但受独生子女政策以及健康风险规避的影响，消费水平低于传统且谨慎的1930年前出生队列。消费时期效应揭示了社会经济发展与老年消费之间的非对应关系，并阐明老年消费潜力与有效消费的差异；其根源在于老年所经历的社会变迁及伴随而生的生理、心理、社会等诸多特征共同塑造了谨慎、保守、低欲等被动式消费态度。

第七，生理性、社会性或心理性等老龄特征通过构建的不确定多重情境预期决定了老年消费空间。消费行为多维度的发生机制均置于特定的时空中，而生命历程恰好提供了研究的时空视角。从时间维度出发，老年人所处的特定时期、出生队列以及年龄一定程度上决定了个体行为选择的差异，且对生物性、社会性或生理性因素与消费之间的关系予以调节。例如，随年龄增长而不断衰退的躯体功能；在社会变迁的浪潮中有限提升的老年消费力；老年人节俭、求实等心理在时代进步中依然明显。从空间维度出发，老年人经历的社会阶段、生活事件等均是某种行为发生的诱导性因素之一。无论是高发的疾病风险，抑或是社会交换弱势以及有限收入来源等，均是老年特定的空间形态。诸多的老化特征既是影响消费的直接因素，也构成独特的生活事件，决定了消费水平乃至消费结构，从而老化特征与消费行为之间表现出强烈的时空色彩。

基于以上研究发现，构建老年消费决策的一般模式，即有限的消费力与极低的消费欲共同导致了老年消费动力不足。需求理论解释了消费者购买行为发生所具备的两个前提性条件，即消费力（购买力）和消费欲（购买欲）。老年消费力处于一定的受限状态，消费欲处于极低水平，消费欲一定程度滞后于消费力，从而有效解释了"社会经济发展并不必然带来老年消费水平的提高"。低消费欲多来自老年社会性、心理性特征因素的构建，有限的消费力一定程度上也放大了老年人被动式消费欲。无论是特定的生理性、社会性还是心理性因素对老年消费的构建，相应的发生机制均受时间和空间的影响，而老年特征本身亦是时空作用下的具体呈现。不同的空间效应以及老年人过去的成长经历等，均塑造了老年人特有的消费惯习，从而决定了不同特征群体消费行为之间的差异，农村老年人、社会经济地位劣势者等的消费动机更弱。因此，老龄生理性、社会性以及心理性特征不仅多维度影响消费决策，而且发生于特定的时空状态下并决定了消费水平乃至消费结构的程度。

据此，提出本书的对策建议：一方面，从社会保障建设、家庭支持、低龄老年再就业机会提供等方面致力于老年消费力的提升，为老年消费提供物质前提；另一方面，从构建有效的老年价值论、破除狭隘的养老观念出发，合理促进老年消费欲，为有效消费提供心理动力。

目　录

第1章 绪 论

消费作为生存质量、物质生活资料权利的基本表现形式之一，不仅是居民福利的核心部分，也是个体自我价值的满足和体现。随着我国人口老龄化持续深化，在深刻应对社会养老压力与难题的基础上，如何从老年消费红利出发、推进老龄产业的发展和完善，将具有重要意义。随着社会经济的不断发展，规模庞大的老年人口所蕴含的消费潜力被积极预估。受独特的成长经历以及当代家庭代际关系的影响，老年人多展现节俭、朴素等形象，其消费活动受到的关注有限。在共享社会发展成果的浪潮中，居民整体消费水平随经济发展大幅提高，但老年消费并未呈现同样的增长幅度。老年消费增长滞后于经济发展，处于以食品、医疗为绝对支出主体的状态。《老年人权益保护法》第三条"国家保障老年人依法享有的权益"指出，老年人有从国家和社会获得物质帮助的权利，有享受社会服务和社会优待的权利，有参与社会发展和共享发展成果的权利。民政部《关于进一步扩大养老服务供给促进养老服务消费的实施意见》表明了当前我国养老服务消费存在的问题和缺陷，促进与完善养老服务消费，将是提升老年美好生活、拉动内需、扩大就业、推动经济发展的重要路径。在现实的消费体系下，老年人的消费行为能否按预期呈现积极的消费力，并实现消费需求与消费供给的有效衔接？然而，设想的良好状态在现实情境中难免存在限制因素，老年人本身的消费动力尚有待挖掘。为此，摸清老年群体的现实消费、寻求老年消费的特定规律，有利于多举措提升老年消费动力。

1.1 研究背景

1.1.1 人口老龄化背景下的消费潜力与老年消费市场

自 20 世纪 90 年代以来，中国老龄化进程日益加快，60 岁及以上老年人口从 1990 年的 9416 万人增加到 2000 年的 1.25 亿人，占总人口的比例由 5.34% 上升至 6.65%。步入 21 世纪，随着社会经济的发展，人口老龄化程度进一步加剧，2010 年 60 岁以上人口增至 1.77 亿人，占总人口比重达 13.26%；2015 年 60 岁以上人口超过 2 亿人，占比为 16.15%；2020 年 60 岁以上人口继续攀升至 2.64 亿人，占比高达 18.70%（见图 1-1）。根据国家统计局数据，人口高龄化趋势也日益明显，80 岁及以上高龄老人从 1990 年的 714.8 万人上升至 2015 年的 2235.9 万人，占全国老年人的比重相应从 0.6% 上升至 1.6%。随着老年人口数量以及相对占比持续增加，中国未来的老年市场将成为一个极具魅力、潜力巨大的市场（陆杰华，2000；吴石英、马芒，2018）。

老龄人口的快速膨胀决定了老年在消费市场中的重要地位，其所蕴含的消费潜力越来越不容忽视（乐昕、彭希哲，2016；乐昕，2015）。王金营、付秀彬（2006）将劳动力人口作为标准人口来推算老年人口的消费需求，其中，老年人口消费系数为劳动力人口的 70%。1987~2003 年，老年群体人均消费逐年稳步上升，从 1978 年的 269 元上升至 2003 年的 1604 元；老年消费占总

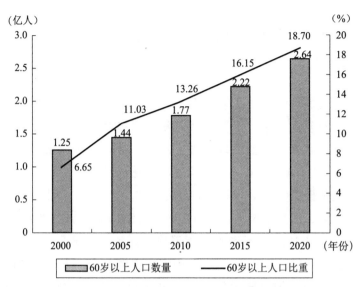

图1-1 老年人口数量变动趋势（2000~2020年）

资料来源：国家统计局历年发布的《国民经济和社会发展统计公报》。

人口消费的比重由1978年的3.54%上升至5.58%。21世纪初期，中国老年人口的消费支出达2463亿元，在居民消费总额中的比重达5.4%；到2010年，中国老年人口继续攀升，老龄消费超8900亿元，占居民消费的6.7%。预计2030年，老龄消费数额将继续升至50615亿元，超出2010年5倍之多，到2045年，该数值将突破十万亿元之多，约占同年全体居民消费的18%（金晓彤、王天新，2012）。老年消费规模大、增长速度快等特征不仅对老龄消费服务体系提出了挑战，也为开创新的经济增长点、促进积极老龄化提供了新机遇。未来，老年消费市场将成为老龄产业建设的重要依据，并成为银发经济发展的重要推动力量。

1.1.2 老年消费中的独特现象：消费水平低、消费结构单一

综观老龄化程度更深的发达国家，如北欧、日本和韩国等，资本与财富向"婴儿潮"一代老年人口集聚，年轻人属于相对"贫困"群体（焦娜、郭其友，2021；亚森江·阿布都古丽，2021）。这意味着，在人口结构逐渐老化的社会经济形态中，老年人是掌握更多财富与资本的消费主体，老年人口的消费特征、消费态势、消费需求对居民消费数量与结构的影响力逐渐增大，居民消费市场越来越受到老年消费者的影响（乐昕、彭希哲，2016；冯佳琪，2021）。与发达国家所不同的是，大多数中国老年人少有物质财富积累优势，是相对于年轻一代的"贫困者"（杨菊华，2011）。随着时代推移，老年人也在一定程度上享受社会经济发展红利，收入来源不断增多，收入水平有所提高（尚进云，2021；尚进云、Howse、孙晶晶，2021）。

我国自改革开放以来，伴随社会经济发展浪潮，居民整体消费大幅增长，但老年消费并未呈现同样趋势，老年消费增长严重滞后于经济发展（刘超、卢泰宏，2015；王少辉，李富有，2021）。老化作为特殊的生命过程，不仅从年龄上预示着由中年向老年的步入，也意味着由生产人向消耗人的转变，并伴随退休、人力资本弱化等特征（封进，2019；万媛媛、曾雁冰、方亚，2021），由此带来"消费困惑"并影响消费决策（魏瑾瑞、张睿凌，2019；张彬斌、陆万军，2014；Battistin, Brugiavini, Rettore et al. ,2009）。对比中国健康与养老追踪调查数据（CHARLS）与国家统计年鉴的居民消费数据可知（见表1－1），老年人食品消费占全部消费的比重超过50%，远高于居民消费中的食品占

比；而医疗保健支出高出全体居民消费近 10 个百分点；衣着、家庭设备和文娱消费占比之和则远低于居民消费。不同群体消费结构的差异并无特定意义的好坏之分，但以医疗、食品消费为绝对主体的支出结构反映了老年人消费单一的事实。

表 1－1　　　　　中国老年消费结构　　　　　单位：%

消费结构	2011 年		2013 年		2015 年	
	CHARLS－老年	全国水平	CHARLS－老年	全国水平	CHARLS－老年	全国水平
食品消费	52.21	36.14	51.10	35.70	47.27	33.26
医疗保健支出	15.90	6.59	16.20	6.43	16.40	6.48
衣着、家庭设备和文娱消费	15.00	27.90	15.00	27.50	15.20	27.90

注：表中呈现的数据以家庭为单位。
资料来源：根据中国健康与养老追踪调查（CHARLS）与《中国统计年鉴》数据整理而得。

1.1.3　老年消费潜力与消费事实之间的矛盾与差异

老年人口众多，极具数量优势，其消费正逐渐成为居民消费的重要构成部分（李建民，2001；边恕，2021）。老年收入较过去明显提升，消费潜力也进一步被积极预估（马芒、张航空，2011）。然而，老年消费水平偏低、消费结构单一，不断攀升的人口规模并不必然转化为有效的消费需求乃至消费支出，消费潜力与消费行为之间存在一定的差异和矛盾。诸多消费理论从收入、预期储蓄等出发论证了消费行为的发生机制，论证了在未来收入不确定的情况下，行为主体将增加储蓄、减少消费以应对未来可能陷入的风险困境。老年人处于特定的生命阶段，老化的生理性、社会性、心理性等特征决定了老年人与一般居民消费决策的差异。例如，老年人健康风险高、收入来源单一，难以通过借贷平衡当期消费，而社会保障以及家庭支持功能的不足也限制了消费决策的选择空间。因此，探讨老年消费行为，不仅需要理性分析老龄化程度、老年消费市场的潜在规模与未来的发展趋势，也需要充分结合影响消费的收入、储蓄预期等因素之外的老年特征，全面探索老年群体消费的内在因果与关联机制，以期为掌握老年消费规律、促进老龄产业发展以及居民消费提供现实依据。

1.1.4 老年生命阶段的独特性

老年处于特定的生命周期，不仅面临生理功能的快速减退与老化，而且也伴随退休所导致的社会参与模式的改变（李熠煜、杨旭、孟凡坤，2021）。生理性老化直接表现为躯体和行动功能减弱，并伴随强烈的健康风险。在生理性老化基础上也相应带来心理状态的诸多变化。心理性老化表现为秋愁、忧虑、对生活缺乏热情、多疑等，甚至出现老年无用、死亡焦虑等消极心理。从退休开始进入新阶段，社会性老化多以社会参与不足、资源获取有限等为主要特征。生命阶段的独特性对老年活动的影响是多维度的，在消费活动上的影响则突出体现为消费的双重性：除了稳定地维持日常生活需要的消费支出外，医疗保健消费亦是老年消费的重要构成部分。受疾病风险的影响，医疗保健消费往往成为老年稳定性日常消费的重要限制因素，由此带来老年消费与一般居民消费行为的差异，并构成老年消费活动研究的独特视角。已有关于居民消费行为的分析框架和理论模型，形成了生命周期消费理论、不确定预期储蓄理论等。基于此，一般居民（青年一代）通过借贷平滑当期消费并保障生活质量，而老年消费的双重性决定了老年消费的相关研究需从更独特的生命阶段出发进行验证与完善（吴敏、熊鹰，2021）。从生命历程视角出发，不同年龄、不同时期和不同出生队列老年的身份特征及所经历的生活空间和宏观社会变迁差异，为老年消费行为决策的研究提供了特定的现实依据（孔国书、惠长虹、李路路，2021）。

1.2　研究问题与研究目的

1.2.1　研究问题

老年消费不仅对老年人生存发展与生活质量发挥重要积极作用，而且是老龄产业建设、老龄经济发展的战略前提。然而，庞大数量的老年人口并没有呈现出相应的消费潜力与消费规模，老年消费潜力转化为实际的消费活动仍有一段漫长的距离。那么，老年消费究竟处于什么水平？消费活动背后的驱动因素是什么？针对一般居民消费水平偏低的现实情境，诸多消费理论先后从收入决定论以及储蓄性思想进行了探讨，认为收入基础上的负向不确定性预期导致了有效消费的不足。对老年人而言，伴随特殊生命周期所出现的疾病风险以及退休等状态决定了老年不确定预期的独特性；而有关老年群体消费行为的研究也长期被忽视。据此，本书结合老年特有的生命周期，从老化的生理性、社会性以及心理性等老龄理论出发，分析老年消费行为决策及其影响因素。例如，就老化的社会性属性来看，老年人逐渐退出主流劳动力市场，收入来源单一；就老化的生理性特征来看，伴随机体衰老而不断增强的健康风险与医疗支出风险，一定程度上通过影响老年人的收支预期进而影响老年消费选择；从老化的心理性特征来看，主观预期寿命延长促使老年人重新平滑财富、收入与消费之间的关系，导致其更多扮演"计划者"角色而弱化消费。

人口老龄化与消费之间的复杂关系不仅包括老年人口群体自身的异质性，也包括老年人口生活地域的多重性，以及经济增长阶段的波动性。在不同经济发展阶段（或不同国民富裕程度）中的人口老龄化，它所对应的老年人口消费水平不同；现在的老年人口和过去的、未来的老年人口的消费不同；城市和农村的老年人口的消费亦不同。不同时期、不同出生队列群体的身份特征以及所经历的生活空间和宏观社会变迁差异（李婷，2019），一定程度上也提供了研究中国老年消费行为的独特视角。为此，了解当前中国老年人消费的现状，较为清晰地阐述制约或促进老年人消费的因素以及相关的作用机制，为读者清晰呈现中国老年消费特征模式具有重要意义。基于以上逻辑思路，本书集中回答了以下问题：一是老年消费水平与消费结构分别呈现何种特征？二是老年消费与收入之间的关联程度如何？收入对消费的促进或限制程度有多大？三是老年消费如何受收入（收支预期）以外的老年性因素（生理性、社会性以及心理性）的影响？四是在特定的时空状态中，老年消费随生理性、社会性以及心理性因素的影响是否呈现新特征？五是老年消费决策的一般模式是什么？对于以上问题的回答，正是本书的意义所在。

1.2.2 研究目的

围绕以上研究问题，本书基于消费理论以及老龄化相关理论，结合老年生理性、社会性、心理性等特征以及老年所处的时空因素，探讨其对消费行为的作用机制，旨在探寻促进老年人消费水平、优化消费结构的对策建议。具体而言，本书力图实现以下几个目标。

其一，扩展已有关于老年消费的研究框架。在梳理、分析、归纳、总结现有文献的基础之上，针对我国老年人消费水平与消费结构的现实，结合社会学、人口学、经济学等不同学科的理论基础，围绕老化的生理性、社会性、心理性等多重老化特征，构建符合老年生命周期与生命历程的消费模式，以扩展目前有关老年消费的研究视角。

其二，现状的认识与把握，回答"是什么"的问题。从消费水平与消费结构出发，把握老年人消费水平的现状；从消费和收入之间的关系出发，提出老年消费—收入关系的一般模型，为分析收入以外的其他影响因素奠定基础。

其三，影响因素与机制的挖掘，回答"怎么样、为什么"的问题。通过定量分析把握收入以外的老化特征（生理性、社会性、心理性）对老年人消费行为的影响，并将老龄特征置于时空差异中，探究中国老年人消费行为的深层影响机制及路径。

其四，老年消费决策一般模式总结，丰富居民消费研究的内容体系。基于老年消费"是什么、怎么样，以及为什么"的研究初探，概括老年消费的一般模式，从宏观视角出发把握老年消费决策的特征规律。

其五，对策建议的提出，回答"怎么办"的问题。依据我国老年人消费行为的特征及其影响因素，在顺应老年人消费规律的基础上，探寻克服消费困境、提升老年人消费水平的政策建议。

1.3 研究意义

随着老龄化程度加深，老年经济行为越来越受到社会关注。消费作为经济行为中的一项重要活动，是衡量老年人生存质量的重要标准之一。现有研究以老年群体为对象的讨论较为集中，但专门针对老年消费行为的研究不甚多，尤其在定量研究方面尚有待完善。本书通过对老年消费活动的量化分析，用符合现实条件的理论指导行为主体的消费行为，完善老年消费相关理论体系，以提升老年福利与老年生存质量。

1.3.1 理论意义

其一，定量分析入手，全面把握老年人消费行为的影响因素及作用机制。目前，有关老年人消费的定量分析文章并不多，大多从定性资料展开，对老年人的消费需求、消费现状等因素进行了简单探讨。定量分析则从相关关系出发，不仅探讨问题的表面现象，而且能挖掘内部的联系机制。本书延续定量分析思路，对中国老年人的消费现状及背后的影响机制进行了深入探讨，丰富了已有的研究体系。

其二，将老龄理论与收入以及不确定预期相结合，丰富老年消费的分析视角。在收入—消费模型基础上，从老化的生理性、社会性以及心理性等特征出发，分析老年消费行为的形成机制。已有关于消费理论的研究对象多为一般居民，缺乏有效的细分。本书聚焦老年人，与老年人面临的特定的生命周期相结合，从而有效扩展了消费行为的对象范畴。

其三，扩展老龄理论在消费领域中的应用。已有关于消费的研究多从收入、支出以及储蓄性预期出发，而对老年独特的消费行为以及可能存在的消费欲不足等现象鲜有关注。本书紧密围绕老年群体的消费力、消费欲，将两者作为消费行为发生的前提条件，不仅充分结合了老年特征，也合理结合需求、消费等理论，扩展老龄理论在消费领域中更广泛的应用。

1.3.2　现实意义

其一，有助于社会及政府把握老年人消费行为中的制约或促进因素，为制定合理的老年政策提供依据。本书从老年人的多维度的时间、空间以及老龄特征事件等因素出发，揭示了老年生命周期与老年时空因素如何影响消费水平和消费结构的作用机制。通过该过程，掌握影响老年人消费的因素集中在哪些方面，从而有助于社会、政府系统把握不同年龄、不同地区、不同经济状况老年人消费行为的影响机制。在此基础上，为制定合理的老年政策提供理论指导与支撑。

其二，有助于提高老年人消费水平、优化老年人消费结构。消费行为是个体生存发展的一项重要活动，生存质量的优劣、生活水平的高低，均离不开对消费行为的探讨。本书着力于对消费行为的分析，根本出发点是降低负向因素对老年人消费的制约、提升积极因素对老年人消费的促进，从而有效提高老年人消费水平。在提高消费水平的基础上，重点推动老年人文化性消费，使老年生活摆脱"单调孤独"的刻板印象，实现老龄生活的多姿多彩，推动积极老龄化的建设。

其三，重新思考人口预期寿命延长下的老年消费行为问题。

随着预期寿命的不断延长，老年人需要规划的人生之路也相应延长，预期寿命延长对于消费选择的影响产生了诸多新变化。行为生命周期理论指出，消费者总处于"行为者"和"计划者"的矛盾之中，前者倾向于享受当下，看重短期利益；后者则更注重未来的长期利益。在老年人预期寿命延长的当下，如何有效合理规划消费行为，是需要我们重新思考的新命题。

1.4　概念界定

1.4.1　老龄化

老龄化亦称为人口老龄化，特指人口生育率降低和人均寿命延长导致的总人口中因年轻人口数量减少、年长人口数量增加而导致的老年人口比例相应增长的动态。在"老龄化"之上，衍生了积极老龄化（彭青云，2017）、健康老龄化（陆杰华、汪斌，2021）等概念。老龄化社会是指老年人口占总人口达到或超过一定的比例的人口结构模型。按照联合国的标准，一个地区60岁以上老年人达到总人口的10%或65岁以上老人占总人口的7%，该地区则被视为进入老龄化社会。其中，65岁以上老年人达到总人口的14%即进入深度老龄化，达到20%为超级老龄化。根据国家统计局2020年最新数据，我国60岁及以上人口为26402万人，占比高达18.70%；65岁及以上人口为19064万人，占13.50%。可见，我国老龄化形势严峻，即将进入深度老龄化阶段。

1.4.2　老年人

　　人的生命周期是一个渐变的过程，由一个阶段向另一个阶段的转变是模糊的。老年是由中年随着时间推移而逐渐演化的一种状态，中年与老年之间的界限也是模糊的。时间动态推移、地区经济发展差异，决定了不同时期、不同地域的老年人标准千差万别。世界卫生组织关于老年人的标准随时代发展进步也不断变化，现时代沿用的标准多为 60 岁以及 65 岁两个年龄界点。其中，西方发达国家惯用 65 岁及以上的人口作为老年人，而绝大部分发展中国家将 60 岁及以上的人口称为老年人。

　　中国作为发展中国家，对老年人的划分多采用 60 岁标准。本书也沿袭这一年龄临界点，将年龄在 60 周岁及以上的人口作为研究对象。世界卫生组织发布的《中国老龄化与健康国家评估报告》提到，中国 60 岁及以上老年人将从 2010 年的 12.4%（1.68 亿人）增长至 2040 年的 28%（4.02 亿人），且女性寿命高于男性，农村老年人占比比城市更高。

1.4.3　老化

　　衰老变化的过程，又称"变老"。它是指个体随着年龄的增长，生理、心理及社会功能的不断减退，即随着自然年龄的增长，人体细胞、组织及各器官的结构和功能日趋衰老，人的体力、智力及工作能力日趋减弱，直至生命停止，这是一种不可逆转的自然规律。步入老年期，躯体功能开始快速衰退、行动功能逐渐减弱、疾病风险增加，率先表现为强烈的"生理性老化"。伴随生理性老化，个体相应产生心理、社会等方面的老化。心理老化多表现为秋愁、忧虑、对生活缺乏热情、多疑，甚至出现老年无用等极端消极情绪；而社会性老化则表现为社会参与不足、资源获取有限等。

因此，老化不仅仅是躯体功能衰退的生理性老化，也是社会性、心理性老化的统一。在本书的分析中，围绕老化展开了对老年特征的描述与讨论，并将老化界定为生理性、社会性以及心理性老化三方面。

1.4.4 消费行为

消费行为是一种经济活动，是个体为维持正常生活需要而发生的支付行为。与国家统计局所划分的居民消费不同的是，本书所界定的消费具有稳定性，是日常生活中基本的支出部分；医疗支出具有较大的偶然性，并不构成日常生活中必需的部分。因此，本书所试图分析的是，外生冲击对这些本该具有稳定特征的消费支出的影响，医疗支出相应成为本书的自变量部分。

具体来看，本书的消费种类包括食品消费、衣物消费、基本服务消费（包括水电气支出、物业费、当地的交通费以及通信费等服务性消费）、文化娱乐消费（包括书报、影剧票、碟片、DVD、旅游等消费）四类。其中，各类消费的绝对支出即消费水平，本书界定了四类分项消费水平以及一项总消费水平，总消费为四类分项消费的和。在后面具体的分析中，基于数据的可及性，不同章节对应消费的范围稍微有别。

1.4.5 消费行为决策

行为决策探索和描述人们在"判断"和"抉择"中是如何具

体进行每一个环节的活动。"判断"一般在研究中的含义是：人们在估计某一事物发生概率的时候，整个决策过程是如何进行的；"抉择"在研究中的含义是：人们在面对多个可选事物的情况下，是如何做挑选的。研究框架基于认知心理学，认为人的判断和抉择过程实际是信息处理过程，该过程有四个环节——信息获取、信息处理、信息输出、信息反馈。消费行为决策则是描述老年人在消费的过程中所发生的判断和抉择及其最后呈现出的消费支付行为。

1.5　研究方法

在研究方法方面，具体采用文献研究、比较分析法、实证分析法等研究手段对问题进行深入探讨与解析。

其一，文献研究法。本书在已有文献和资料的基础上，通过分类、比较、归纳相关消费理论、老年人消费的研究文献，系统掌握相关研究成果及其最新动态，为本书提供较为翔实的理论基础，并为本书的研究设想、研究思路提供指导。

其二，比较分析法。本书主要利用横向比较方法，对不同层次的老年群体进行比较。例如，通过对不同收入老年人的比较，了解中国老年人消费行为随收入变化而呈现出的差异；通过对不同年龄层次老年人消费行为的差别、代际消费行为决策等的比较，把握不同群体特有的行为特征。基于此，归纳出中国老年人特有的消费模式，相应扩宽研究的视野。

其三，计量分析法。本书利用国家统计局宏观数据资料，探讨老年人消费倾向和居民消费倾向之间的区别；采用多期全国性调查数据，分析老年人消费水平和消费结构的现状及其与其他相关因素之间的关系。分析方法为描述分析与模型分析。描述分析包括单变量分析以及单个主自变量与因变量之间的双变量分析；模型分析则是通过多元线性回归、多层固定线性模型、交叉分类随机效应模型（APC），探讨老年生物性以及社会性等因素对消费水平和消费结构的影响。

其四，跨学科分析法。运用多学科的理论、方法和成果从整体上对某一课题进行综合研究的方法，也称"交叉研究法"。跨学科的目的主要在于通过超越以往分门别类的研究方式，实现对问题的整合性研究。本书利用老年社会学、人口社会学、生命周期以及消费理论，构建了基于老龄视角的消费行为分析框架，从而将消费行为的应用有效扩展至老年群体，为分析老年有效的消费行为提供一定的现实依据。

1.6　研究内容与结构

根据研究问题及研究目标，本书共分为 9 章。首先，阐述研究的基本背景，围绕老年消费水平有限、消费结构单一的先验判断引出基本的研究方向与研究问题。其次，围绕老年消费与收入之间的关系，结合老年生理性、社会性、心理性等特征构建本书的基本分析框架。再次，分别就老年生理性、社会性、心理性等因素与消费之间的关系展开实证讨论，并将其置于特定的时空状态下进行论证。最后，概括出老年消费决策的一般模式并提出针对性的对策建议。各章节的具体安排如下。

第 1 章，绪论。系统阐述了本书的研究背景、研究问题和研究思路、研究意义、核心概念、研究方法、研究结构等。本章发挥了提纲挈领的作用，特别是对研究问题进行了较为细致的介绍与铺陈，以凸显研究问题的现实价值以及学理意义。

第2章，老年收入来源与支出结构。本章旨在全面陈述中国老年人多维度收入来源以及消费支出情况，以说明老年人收入没有达到消费倾向递减的状态，从而引出收入之外的决定消费行为的其他老龄因素的初步判断，并以此作为分析老年消费行为的依据。

第3章，一般分析框架。老年群体的消费具有双重性，既有满足日常生活的一般消费，亦有维持老年健康所特有的医疗保健消费。基于老化特征以及相关老龄理论，围绕老年人生理、心理以及社会等方面呈现的独特状态，以此构建老年消费行为的一般分析框架。

第4章，老年消费结构与消费特征。老年群体内部存在着分化与差异，不同特征群体对外在情境因素的感知千差万别，从而造成消费行为亦有别。本章从不同的情境出发，分析了分年龄、城乡、收入等特征老年人的消费行为，以试图准确把握老年消费行为的群体差异以及更为详尽的消费全貌。

第5章，健康风险与老年消费。基于老年生理性特征，围绕健康、疾病、衰老等风险产生支出不确定性预期，探讨老年消费行为的作用机制，以阐释老年医疗保健支出与稳定性消费支出之间的制约关系。

第6章，代际资源流动与老年消费。基于代际互惠以及社会交换等老年社会性特征，围绕代际交换以及代际资源向下流动等代际特征，论证老年家庭资源获取的可及性及其对消费行为的影响。

第7章，主观预期寿命与老年消费。基于老年心理特征，围绕伴随社会性老化与生理性老化而出现的认知变化，从行为生命周期视角出发，阐述了老年感知的预期寿命、未来养老规划安排与未来生命期财富规划之间的关系，由此探讨主观预期寿命与消费之间的关系。

第8章，时期、队列、年龄与老年消费。本章引入生命历程理论，将老年生理、社会以及心理等特征纳入更广泛的宏观社会变迁中，重点围绕时间维度上的年龄、时期、队列因素并将其作为社会变迁的刻度，以分析中国老年消费特征的动态变化。

第9章，结论与政策建议。在前面分析的基础上，首先，概括出本书的主要研究结论，并概括出老年消费的一般逻辑规律。其次，根据已有的结论进行评述并提供相应的政策建议，在此基础上，对本书的创新点、研究局限与不足进行总结和探讨，并对可以继续深入和完善的地方作出展望，使研究更为科学与合理。

第2章 老年收入来源与支出结构

　　规模庞大的老年群体所蕴含的消费潜力成为新经济常态下拉动内需不可回避的重要话题，并随着老龄化的持续推进而被积极预期，但现实的老年消费究竟呈现何种状态？这是本章需回答的问题之一。许多学者对消费问题进行了深入探讨，并形成了多元化的消费理论假设。凯恩斯消费理论认为，消费与收入呈正相关关系，即收入越高，消费也相应越高。在生命周期和持久收入框架下，消费者可以通过储蓄、借贷等手段实现当期消费超过当期收入，即有了对未来良好的预期，从而实现积极的消费支出。显然，以上认识尚难以有效解释当前经济发展下老年人消费水平低且结构单一的现实。随着研究的推进，学者们逐渐摒弃了原有理想状态的消费假定，将预防性储蓄理论以及不确定思想纳入消费行为中，探讨了诸多预期和风险性因素的作用机制。为了准确把握老年消费特征及其背后的经济因素，本章从经典的消费理论出发，阐述老年消费与收入之间的理论与实践关系，较为详细交代老年收入来源与支出结构，说明老年收入和消费之间的关联程度，并以此为切入点诠释收入增长对老年消费促进的有限作用，从而为分析消费—收入决定论之外的其他老龄因素提供前提基础。

2.1　收入与消费的理论探讨

消费多与收入直接关联，甚至有研究将收入作为消费的代理变量或直接度量。至于消费理论的发展脉络，首先，从确定性消费理论出发，探讨收入与消费之间的理论联系；其次，纳入不确定性消费思想，探讨收入预期、风险等因素与消费之间的关系，并在此基础上集中进行了有关不确定性消费的系列经验研究。

2.1.1　确定性思想下的消费理论

纵观西方社会对消费行为的理论探索，收入无疑是影响个体消费的根本因素。在《就业、利息和货币通论》一书中，凯恩斯对消费与收入的关系进行了详尽的讨论。他认为，当期消费由现期收入决定，两者之间呈稳定的函数关系，即个体的消费取决于绝对收入水平。凯恩斯的绝对收入消费思想仅仅考虑到当期收入对消费的影响，缺乏对行为主体未来更长期收入和消费行为的跨期动态分析。虽然绝对收入假说难以解释社会经济活动中行为主体更长时期的各种选择和行为活动，但仍然是消费理论发展的基础。后期的消费理论在此基础上纳入了除收入外的更多因素，并提出了一系列新的假定与分析方向，以试图对各种消费行为作出更科学、全面的解释。美国经济学家弗里德曼（Friedman）于1958年在《消费函数理论》中指出，消费者的消费水平并不是由其当期的绝对收入水平决定的，而是由未来更长期的收入水平所决定的。这一思想将行为者作为理性消费者，成为持久收入假说

（permanent income hypothesis，PIH）的代表性理论。

生命周期假说（life cycle hypothesis，LCH）与持久收入假说具有一致性，假设建立的前提条件都包含了没有不确定性因素或是不确定性是可以理性预期的、没有借贷约束、效用函数跨时期可分等。该假设基本思想是，个人效用是其一生消费的函数，理性的个体为了实现效用最大化，必须对个人可以获得的资源进行有效配置并按此目标计划个人每个特定期的消费水平。根据消费的效用最大化准则，个人会穷尽一生的收入或财富进行消费，并通过调整不同人生阶段的财富来平滑消费。通俗而言，个体在年轻时进行储蓄以保障老年时少有收入来源的消费水平，使个人一生的消费曲线平稳变动。

2.1.2　不确定性消费理论

PIH 假说和 LCH 假说因对不确定性因素的忽视而难以解释现实的消费决策。例如，消费者进行储蓄的初衷在于填补没有收入或者收入难以满足消费所需之时，平滑可能出现的消费波动；当个体处于老年阶段或少有收入时，将依靠年轻时的物质财富进行消费并处于负储蓄状态，但实际上，老年群体仍然有储蓄的行为习惯，甚至出现退休消费之谜，通过少量消耗年轻时积累的财富或降低当前的生活水平以实现。同时，为退休而准备的储蓄水平一般也低于确定性预期下的消费理论所设定的水平（罗楚亮，2005）。后期大量研究纳入了不确定性的视角，试图概括出更适合个体消费行为的理论框架。至此，不确定性消费理论在经验研究的基础上不断完善与发展。预防性储蓄理论试图从经济活动中存在的不确定性因素出发去解释行为者消费/储蓄行为，并试图寻找影响个体消费行为的新的变量。

其一，随机游走假说。霍尔（Hall, 1990）在不确定性存在的情况下，将理性预期运用到 PIH 假说和 LCH 假说之上。霍尔构建消费主体一生预期效用函数的基本逻辑是：在生命周期假说的基础上纳入了未来收入不确定性因素，且理想的消费选择模式是将过去所有能获得的有利于消费行为的信息折射到当期消费上，因此，在某一时期 t 内的消费水平 C_t 由上一期的消费所决定。

其二，预防性储蓄理论。预防性储蓄理论中贯穿了不确定性思想，以下将简单梳理利兰德的预防性储蓄思想、扎德斯的预防性储蓄思想、卡罗尔和迪顿的缓冲存货模型三种理论模型。

利兰德的预防性储蓄思想。首次对预防动机储蓄模型进行理论系统的探讨始于利兰德（Leland, 1968），他将为了应对未来收入不确定性而引起的储蓄行为称为预防性储蓄。对于绝大多数理性个体而言，消费下降导致的效用损失大于增加等量消费而提升的效用，故风险厌恶者在未来收入不确定的情况下，倾向于减少当前消费而增加储蓄以应对未来可能出现消费水平降低的被动局面。理性个体进行储蓄不仅是为了应对未来收入的不确定性，也是为了预防低收入时期对消费的剧烈波动而影响整个生命周期效用的最大化。

扎德斯的预防性储蓄思想。扎德斯（Zeldes）于 1989 年引入收入不确定因素，分析了收入随机波动对消费者行为选择和决策的影响。在他的理论框架中，在相对风险厌恶函数下，消费主体的预防性动机明显，这一特征在低收入群体中表现尤为突出。扎德斯假定个体可以存活 T 个时期，每个时期都在追求余生效用的最大化。为了实现这一目标，消费者试图选择最利于当期消费效用最大化的方案以及在不确定性下的未来长期方案；而影响未来消费的唯一不确定因素是未来更长时期内的劳动收入波动，且个人难以通过各种市场行为去避免这种不确定性。该理论过程证明了基于效用最大化下的消费行为对随机性收入十分敏感，并对收入水平与财富及消费之间的关系进行了明确的量化。该理论还证实了储蓄在应对不确定性因素下的保险以及保障作用，是对利兰德消费理论思想的进步与优化。

卡罗尔和迪顿的缓冲存货模型。卡罗尔（Carroll，1994）和迪顿（Deaton，1991）将流动性约束纳入预防性储蓄理论，并得到了经验研究的证实。该理论认为，当收入少于消费时，可以通过储蓄而维持正常的消费水平；当收入高于消费时，储蓄则可以使消费水平进一步得以提高。该模型同时纳入了谨慎和缺乏耐心两种相异的消费行为主体，谨慎的个体选择多储蓄少消费，缺乏耐心者倾向于多消费，而介于两者之前的个体则会设置一个目标储蓄—财富比。如果财富持有水平低于所设定的目标，个体的谨慎程度会占主导从而增加储蓄减少消费；反之，财富持有水平低于目标，个体将增加消费而减少储蓄。迪顿在其研究中给出了缓冲存货模型的一般论证逻辑，发现缺乏耐心的增长条件可以解释为当预期收入增长率为正数时，消费者为了平滑消费，会动用未来收入，当收入增长率越大，消费者缺乏耐心的程度越强烈，因此消费者的财富水平并不会无限增长，但同时也保证了消费边际倾向为正。消费主体兼具谨慎与缺乏耐心的双重特征，决定了其消费储蓄行为符合缓冲存货的规律。

其三，流动性约束假说。流动性约束假说的本质内容是未来消费存在不确定性，消费者并不能以任意利率水平进行借贷，这一限制即是流动性约束。这一约束产生的源头在于信贷市场的不完善，阻碍了消费资源的跨期配置，从而使消费并不能够完全按照最优水平进行计划并导致消费的过度敏感性。多尔德和托宾（Dolde & Tobin，1971）、弗莱明（Flemming，1973）最早关注了该相关问题，并意识到流动性约束与储蓄之间关系探讨的重要性。随后，越来越多的学者将流动性约束纳入储蓄理论中，认为流动性约束强化了消费者的谨慎特质，故流动性约束增加了消费者的储蓄、减少了消费。从这个层面上看，流动性约束和不确定性有相似之处，均产生了预防性储蓄行为。

2.1.3 有关消费的经验研究

经验研究是对理论研究的检验，为将理论探讨转化为可以实践的变量之间的关系提供了可能。大量实证研究在理论指导的基础上，对不确定性与消费行为的关系进行了探讨，以试图不断完善并修正已有的理论基础。预防性储蓄的核心思想是个体为了防范不确定性因素存在导致未来消费水平降低而进行储蓄并适当减少当期消费，而不确定产生的根源在于收入水平的波动。学界对社会经济活动中的消费者行为进行了大量经验的探讨，认为预期因素的存在打破了个体生命周期特有的理想的消费模式。

其一，收入、收入不确定与居民消费。达尔达诺尼（Dardanoni，1991）利用收入方差作为不确定性的代理变量，分析其对消费行为的影响，发现收入对数方差越大，消费者的消费水平越低，两者呈现显著的负向关系。卡罗尔（Carroll，1994）同样以收入方差为代理变量分析收入不确定性与消费行为的关系，发现不确定性对消费行为具有显著的负向作用，但两者的相关系数值很小。卡罗尔、桑威克（Carroll & Samwick，1997）以对数收入的对数方差为测量依据，发现家庭财富 1/3 的存量可以被不确定因素所解释。孙凤（2002）以不同职业、受教育程度等分组后的组内家庭的收入对数方差为收入不确定的代理变量，发现收入对数方差解释了居民消费减少原因的 11%，而支出不确定因素则解释了消费减少的近30%。罗楚亮（2004）全面地分析了收入不确定性、支出不确定性与消费的关系，研究发现，无论是收入不确定性、失业风险，还是医疗、教育支出不确定性，均显著抑制居民消费水平，但抑制的程度随社会保障、国家政策等的可预期性而发生变化。王健宇、徐会奇（2010）在分析收入不确定性与消费的关系时对进一步不确定性的方向进行了界定，研究发现，收入不确定性数值的绝对值大小会影响居民的消费选择；不确定性则会恶化对增收的预期，抑制消费水平的提高；而积极的负向良好性不确定性会促使预期朝着良好的方向发展，从而促进消费。钟慧、邓力源（2015）在对风险感知与消费关系的研究中发现，家庭对风险的感知程度越深，风险厌恶程度则越大，家庭总消费也会相应下降，且耐用品的消费下降幅度最明显。

职业是个人获得工资收入的重要依据和来源，除了直接分析职业收入不确定性对消费的影响外，许多研究也从失业风险角度分析，收入不确定性对消费的影响（Meng，2003；Kotlikoff & Summers，1981）。张华初、刘胜蓝（2015）发现，处于失业状态群体的消费水平显著低于在业群体，但社会保险的参与有效缓解了该困境；在此基础上进一步发现，就业这一状态有效缓解了个体当前消费的不确定性，而社会保险则降低了未来更长时期的不确定性因素。温兴祥（2015）分析了是否失业以及家庭中失业人数占比对家庭各类消费的影响，研究发现，两种方式定义的失业风险均对居民消费起负向作用，其中，受制约程度最大的是交通支出，紧随其后的是通信、日常以及教育支出。另外，不少研究也试图对不同来源收入的不确定性因素进行分析，以区别各类收入性质与消费之间的内在逻辑（徐会奇、卢强、王克稳，2014；刘芳，2014）

其二，支出、支出不确定与居民消费。制约居民消费的核心因素之一在于预期支出增强，包括医疗支出、子女教育以及婚丧嫁娶等预期支出增强（孙金刚、张丽，2009）。丁继红等（2013）分析了健康风险对家庭消费的影响，发现家庭中患病人数的比例越大，家庭基本设备消费的水平越低，但这种制约作用在社会保障的保护作用下得到一定程度的缓解。刘建平、张翠（2015）也发现，医疗支出不确定性、教育以及社会保障制度不完善所带来的心理支出预期均抑制了居民消费水平的提高，故个体面临的不确定因素的关键在于外在制度和环境的不确定性强化了个人的支出预期，从而导致当前消费水平的降低。

其三，社会保险与居民消费。社会保险在化解未来风险、提供收入保障上发挥着重要作用，相应也成为缓解收入不确定性的负向良好性指标。已有关于社会保险与消费的研究基本上达成了共识，即社会保险促进了消费水平的提升以及消费结构的多元化。费尔德斯坦（Feldstein，1974）研究发现，社会保障显著促进了国民消费，并大大减少了私人领域的储蓄，社会保险导致储蓄减少的幅度为 30% ~ 50%。赞特（Zant，1988）针对荷兰国家居民的消费行为研究发现，社会保险促进了宏观社会整体的边际消费水平。戈姆利等（Gormley et al.，2010）进一步对社会保险与国民消费的关系进行了理论探讨，认为作为理性的消费者，如没有政府编织的社会保险网络，则国民倾向减少消费并加大储蓄；而在失业保险、工伤保险等的保障作用下，国民的消费倾向明显更高。艾德德（Aydede，2007）针对土耳其居民的研究也得到类似的结论，社会保障财富成为其国民重要的财富部分，且财富累积度越高，居民的消费水平越高。樊彩耀（2000）认为，消费倾向与社会保险覆盖率之间存在显著的正向相关关系，且消费需求增长变化趋势与社保福利支出的变动速度相一致：社保支出金额增长速度越快，居民的消费增长速度越快。杨丽、陈超（2015）

利用所在省份的宏观数据并基于预防性储蓄理论，认为医疗公共品供给有利于降低居民未来的不确定性，从而有利于消费水平的提升；但提升的程度因人群而异，落后地区居民的消费行为反而受到公共医疗物品供给的制约。臧文斌等（2012）研究发现，相比未参与医疗保险的家庭，参保家庭的生产生活消费以及教育等消费的总和高出13%，且参保对低收入家庭消费的促进最大，而对高收入家庭基本没有影响。白重恩等（2012）的研究也得到类似的结论，新农合的参与促进家庭，特别是收入不高、患病人数较多的家庭的非医疗消费支出提升了近5.6%，并且随着医疗保障水平的提升，消费增加的比例也相应更高。

2.1.4　研究评述

有关消费行为、消费决策的理论与经验研究颇为丰富，经过长时期的发展，已形成了较为完善的理论范式，并有效推动了实证分析的进行，以检验理论模型的合理性。在不确定性消费理论以及预期性储蓄理论的指导下，可以更好地理解经历过特殊社会事件人的消费行为与消费特点，为本书的研究视角以及研究方法提供诸多借鉴。当然，通过对理论文献与实证文献的梳理，我们也发现已有研究中存在一些不足，并为后续的研究提供了方向。

研究视角上，已有研究多以一般居民出发探究收入以及收支预期对消费行为的影响，缺少专门针对老年群体的研究。本书结合老年生命特征，将老年的生理性、社会性以及心理性因素与全面的风险预期相结合，在此基础上，探讨其对消费决策的影响。

研究内容上，已有研究多关注老年人的人口数量对消费市场潜力挖掘的影响，但忽视了老年人发生消费行为的前提，即老年人是否具有消费能力、是否能够进行有效消费。本书从制约或推动老年人消费的影响因素出发，剖析老年人的消费行为，从而为挖掘老年人消费市场、把握老年人的消费潜力提供更为合理的依据。

研究方法上，关于老年人消费行为的研究存在"定性多、定量少"的状况。已有的关于消费行为的实证研究多集中于居民消费行为，有部分研究关注了老年人的消费行为，探究了老年人的消费水平与消费结构现状及其影响机制，但以简单的描述分析、定性分析为主。为此，本书利用调查数据，对老年人的消费现状及其影响机制进行深入的剖析，以全面展现老年人消费的新特征。

2.2　老年消费与收入现状

收入与消费的理论发展脉络为研究老年人消费提供了重要理论支撑，即老年人的消费支出不仅受收入水平的直接影响，与收入伴随而生的支出等因素亦会影响老年人的消费行为。为了探讨老年消费与收入之间的一般规律特征，本部分通过多数据来源分析老年消费水平与消费结构、老年收入及其来源、老年消费与收入之间的关系。

2.2.1　消费水平与消费结构

本部分分别采用了中国家庭追踪调查（CFPS）、中国健康与养老追踪调查（CHARLS）等微观调查数据以及国家统计局公布的居民收入与支出数据等探讨了老年消费水平的相对变动趋势以及消费与收入之间的关系。消费既是个体行为，亦镶嵌在家庭活动中，故在分析老年人消费时，基于数据特点，以家庭为单位计算家庭人均收入以及人均支出。根据 CFPS 和 CHARLS 的计算结果，老年家庭的相关消费情况见表 2 - 1。由于两个调查数据发生于不同的时点，且样本对象涉及的群体存在差异，相互之间难以进行严格的比较和区分，但总体而言，随着社会经济发展以及时代推移，老年家庭的消费水平越来越高。CFPS 数据结果表明，老年家庭人均消费支出从 2010 年的 7477.31 元上升至 2016 年的 13249.11 元，平均增长幅度为 10.004%；CHARLS 数据结果表明，老年家庭人均消费支出从 2011 年的 7506 元上升至 2015 年的 10372 元，平均增长幅度为 8.420%。

表 2 - 1　　　　　　　　　老年消费水平与结构

项目	CFPS 数据		CHARLS 数据	
	2010 年	2016 年	2011 年	2015 年
人均食品支出（元）	3827.98	6755.38	3821	5232
人均衣着支出（元）	149.74	428.54	327	369
人均家庭服务支出（元）	1275.21	1917.82	1113	1693
人均文娱教育支出（元）	151.39	421.27	210	205
人均医疗保健支出（元）	2072.99	3555.10	2035	2873
人均消费性支出（元）	7477.31	13249.11	7506	10372
平均增长幅度（%）	10.004		8.420	

　　资料来源：根据中国家庭追踪调查（CFPS）、中国健康与养老追踪调查（CHARLS）数据整理而得。

就消费结构而言，无论哪个调查时点，食品消费均构成了老年消费的绝对主体地位，占全部消费支出的近一半。与老年特有的生命阶段相一致，医疗保健支出同样在老年消费中占据相当部分，而其他类别的衣着、家庭基本服务以及文娱教育等占比偏小。CFPS 数据表明，2010 年老年家庭食品消费为 3827.98 元，占 51.19%；2016 年食品消费为 6755.38 元，相对比总消费支出虽有所下降，但相对占比仍超过全部消费的一半。医疗保健支出占比稳定，在两个年度分别占 27.72%、26.83%；衣着支出以及文娱活动支出仅占 2% 左右。CHARLS 数据表明，老年家庭食品消费以及医疗保健消费 2015 年较 2011 年的变化幅度小，其中食品消费占比刚超过一半，医疗保健消费占比约为 27%。如果从稳定的、维持日常生活需要的消费出发，不考虑非经常性的医疗保健支出，那么老年食品支出相对占比将进一步提升，处于以食品消费为绝对主体的单一消费状态。衣着支出在两个年份分别为 327 元、369 元，相对比总消费支出有所缩减；文娱教育支出也呈现类似特征。随着社会发展进步，社会大众越来越追求消费的多样化，尤其是文化娱乐消费越来越成为消费转型和升级的重要构成部分。相对于社会其他群体而言，老年群体的消费特征更具稳定性，倾向于维持食物消费以满足基本生存需要的基础性消费，一定程度上制约了对其他消费的需求。

2.2.2　老年收入及其来源

随着社会经济发展以及物质生活水平提高，老年收入来源不断增多。老年人的主要收入来源包括劳动收入、经营收入、转移收入、代际支持以及资产类收入等。CFPS 数据显示，老年人总的人均可支配收入从 2011 年的 13716 元增至 2016 年的 19111 元，平均增长幅度为 6.86%；CHARLS 数据显示出同样的增长趋势，从 2011 年的 13734 元上升至 2015 年的 17643 元，平均增长幅度为 6.46%（见表 2 - 2）。从不同收入类别来看，劳动收入仍然是老年家庭主要的收入来源，且远高于其他类别的收入。CFPS 数据表明，2016 年相较于 2011 年，老年人劳动收入从 5871 元增长至 6352 元，经营收入从 2747 元增长至 3402 元，转移收入从 2001元增长至 3663 元，代际支持、资产类收入的增幅也甚为明显。CHARLS 数据表明，2016 年相较于 2011 年，劳动收入略微下降，从 6137 元降至 5821 元；经营收入从 2651 元增加至 3021 元；转移收入从 1971 元增至 2981 元；代际支持从 2083 元增至 3718 元；资产类收入上升幅度尤为明显，从 892 元增至 2102 元。就相互之间的相对结构而言，劳动收入随时间推移占总收入的比重有所降低，而代际支持以及转移收入增幅明显，资产类收入也相应增多。这一结果主要是受农村老年样本的影响，该群体很少存在"退休"一说，且劳动参与是绝大多数农村老年人特别是低龄农村老年人的生活常态，从而拉高了劳动收入的相对水平。随着社会福利以及养老体系的完善，老年人的养老保险、低保等越来越完善，转移收入比过去也大幅度提高。此外，社会经济发展也带来居民收入的提高，老年人获得来自子女的代际支持也相应增多。

表 2 - 2　　　　　　　　老年人收入来源

项目	CFPS		CHARLS	
	2011 年	2016 年	2011 年	2015 年
劳动收入（元）	5871	6352	6137	5821
经营收入（元）	2747	3402	2651	3021
转移收入（元）	2001	3663	1971	2981
代际支持（元）	1974	3521	2083	3718
资产类收入（元）	1123	1873	892	2102
总的可支配收入（元）	13716	19111	13734	17643
平均增长幅度（%）	6.86		6.46	

资料来源：根据中国家庭追踪调查（CFPS）、中国健康与养老追踪调查（CHARLS）数据整理而得。

2.2.3 老年消费倾向

老年收入和支出之间呈现何种关系？老年收入和支出与其他居民群体之间存在何种差异？为了回答这些问题，本节进一步引入国家统计局关于居民收入和支出的宏观数据进行对比，以全面阐述老年家庭消费和收入之间的内在关系。为了与选取的调查数据进行对照，本部分分别选取了对应年份的全国居民人均可支配收入与消费支出的数据。具体而言，中国居民人均可支配收入逐年上升，从2011年的14582元增至2015年的21966.2元，并上升到2020年的32189元（见表2-3），平均增幅为9.18%。相应地，居民人均消费支出涨幅明显，除了2020年略低于上一年外，也呈逐年上升趋势，从2011年的10317元上升至2020年的21210元，平均涨幅为8.34%。

表 2 - 3 居民收入与消费之间的关系

类别	2011 年	2015 年	2019 年	2020 年
可支配收入（元）	14582	21966.2	30733	32189
消费支出（元）	10317	15712	21559	21210
消费倾向	0.708	0.715	0.701	0.659

注：本表展示的是全体居民，没有进行人群细分。在分析过程中，将老年消费倾向与全体居民消费倾向进行比较，以此说明老年群体消费的独特性。

资料来源：根据历年《中国统计年鉴》数据整理而得。

将全国居民收入和消费情况与老年人比较后可知，无论是何种调查数据、哪个调查年份，老年人消费支出与可支配收入均低于居民消费，且老年家庭收入的平均增幅远低于全国居民。虽然老年人消费水平远低于居民消费，但增长幅度略快于居民消费，增长突出的点在于医疗保健消费类别。如果仅考虑稳定的维持日常生活的消费，那么老年家庭消费的增长趋势将小于一般居民消费的水平。当进一步对消费倾向（支出/收入）比较后可知，居民的消费倾向虽然呈现降低趋势，但总体维持在 0.6 左右的稳定状态（见表 2 - 4）。老年居民消费倾向随时代推移虽有所上升，但远低于全国平均水平。基于 CHARLS 调查数据，老年消费支出不到全部收入的 6 成。值得注意的是，居民支出中的人均医疗保健消费远低于老年家庭。如果从不同消费所具有的功能出发，维系日常生活中的消费往往不包含医疗保健，若将其排除在外，老年消费倾向对比居民消费将进一步降低，消费受收入的促进动力机制尚不足。

表 2 - 4　基于 CFPS 和 CHARLS 数据计算的老年消费倾向

CFPS 数据		CHARLS 数据	
2010 年	2016 年	2011 年	2015 年
0.545	0.693	0.547	0.588

注：基于上文消费与收入数据的计算，计算规则为消费倾向＝支出/收入。
资料来源：根据中国家庭追踪调查（CFPS）、中国健康与养老追踪调查（CHARLS）数据整理而得。

2.3　老年收入与消费关系的一般判断

随着社会经济发展以及居民收入水平大幅提高，老年家庭收入增长幅度明显，但消费倾向略微下降，且远低于居民消费倾向。从建设积极老龄化、有效促进老龄经济等视角出发所期待的理想状态是，随着社会经济水平的不断提高，居民生活水平与生活质量也相应提高。然而，就老年群体消费状态来看，食品和医疗支出占据了绝对的主体地位，而家庭基本服务消费，特别是文娱、衣着等服务消费偏低，呈现极度单一的消费结构，更多以满足基础性消费为主，纳入了医疗保健支出的消费倾向仍然显著低于一般居民消费。如果将医疗保健支出作为非稳定性的日常消费排除在外，老年消费倾向将进一步降低。进一步对比老年群体和一般居民的消费结构可知，不同于老年群体单一的食品和医疗消费支出，居民消费结构更为丰富和多元，除了基础的食品消费外，文娱消费、服务消费、休闲消费等也占据相当部分。不同消费类别并不必然代表个体生活状态的优劣等级，除了特定的经济因素约束外，亦是个体生活选择和价值偏好的差异结果。当然，从满足多样化的生活质量出发，丰富的消费结构是必然的呈现方式。在社会经济不断向前推进的时代浪潮中，老年群体的消费活动并未表现出同步的增长态势，在共享社会发展成果方面存在一定的滞后。

据此，提出本书分析的判断起点，即老年消费随收入增长尚未达到边际效用递减的状态，收入对老年消费行为的促进作用有限。诸多研究论证了退休对老年收入以及消费的负向影响，并认为退休带来的"退休困惑"一定程度上抑制了消费水平。从时期动态推移出发，保障消费力的经济收入仍然有较大提升，但消费支出并未呈现特定的增长优势。诸多消费理论论证了收入、收入预期与消费之间的关系。如果将健康风险作为收入的负向度量，那么老年人为健康支付的成本相当于收入的减少，从而达到限制消费的状态并带来消费倾向的降低。如若将健康储蓄作为医疗保健合理的支出，老年消费倾向仍然低于居民消费。由此，在健康储蓄动机之外，老年群体的消费倾向还受到其他因素的制约与影响，并伴随着有限的消费力以及更为受限的消费欲。与其他居民相比，老年人及其消费特征具有何种突出特征？哪些因素决定了老年消费的选择？专门围绕老年人以及老龄化的相关理论表明，老年生理性、社会性、心理性等老化特征决定了老年群体的特殊性，而这些特征因素的存在一定程度上促进了老年消费预期和消费心理的形成，从而呈现出老年人特有的消费行为。老年消费行为如何受老化特征的影响？结合老年生理性、社会性、心理性等特征，试图找到其消费决策背后的行为逻辑和一般行为模式。第3 章的理论框架将给出较为详尽的回答。

第3章　一般分析框架

　　通过对老年人与一般居民的消费水平、消费结构与收入之间的关系进行比较，发现老年消费随收入增长尚未达到边际效用递减的状态，收入对老年消费的促进作用有限，因而需要探讨消费—收入以外的其他作用机制。随着预防性储蓄以及不确定性思想的引入，消费主体行为的解释有了更为多样化的视角（Kazarosian，1997；Guiso et al.，1996；Guiso & Terlizzese，1993）。老年消费具有双重性，既有满足日常生活的一般稳定性消费，亦有维持健康、抵御疾病的医疗保健消费，这一特征决定了老年消费决策不同于其他年龄群体。基于老化特征及相关老龄理论，老年人在生理、心理以及社会等方面呈现独特状态，而这些因素可能是影响老年消费决策的重要来源。老年生理性方面，如机体衰退、疾病、健康风险等特征决定了医疗保健支出的必然性；老年社会性方面，如代际交换、社会转移、社会参与等的弱化决定了老年可以获得的资源范围并影响消费选择的决策空间；老年心理认知方面，对于疾病和衰老的理解以及不同阶段的心理预期等也决定了消费行为的选择大小。从广义的时空状态出发，生理、社会以及心理等多重属性在时空情境下亦对个体预期、消费心理乃至消费行为产生重要影响。

3.1 老龄相关理论

老年作为个体生命周期的终点，突出的生理性特征表现为疾病高发与躯体功能弱化，直接的社会性特征则是离退休导致长期以来形成的社会角色及其社会主导活动的转变，由此引发老年一系列心理和行为的变化。一方面，老年人从忙碌的职业角色转变为闲暇的家庭角色，不仅意味着经济收入的减少，也伴随基于职业而衍生的满足感、充实感和成就感等价值体验的丢失；另一方面，老年人从社会家庭中的主体角色转变为依赖角色，从过去被子女依赖转向依赖于子女，在家庭中原有的主体角色和权威地位逐渐丧失。在此过程中，老年人的生活质量往往发生较大变化，表现之一即在消费活动上。生理性、社会性、心理性等老化特征如何决定老年消费活动的决策空间？以下将围绕诸多老龄化相关理论展开有关消费活动的讨论。

3.1.1 老化理论

老化是生命机体逐渐衰老的动态过程，包括生理老化、心理老化以及社会老化三个方面。对于生理老化的解释，有基因程控说（Hayflick，1961）、细胞衰老说（Galton，1869）等理论。同新陈代谢一样，细胞衰老是细胞生命活动的客观规律。对多细胞生物而言，细胞的衰老和死亡与机体的衰老和死亡是两个不同的概念。机体的衰老并不等于所有细胞的衰老，但是细胞的衰老又是同机体的衰老紧密相关的。衰老是生物界的普遍规律，细胞作为生物有机体的基本单位，也在不断地新生和衰老死亡。衰老是一个过程，这一过程的长短即细胞的寿命，它随组织种类而不同，同时也受环境条件的影响。研究表明，现代人类面临着三种衰老：第一种是生理性衰老，是指随着年龄增长所出现的生理性退化，这是一切生物的普遍规律；第二种是病理性衰老，即由于内在的或外在的原因使人体发生病理性变化，使衰老现象提前发生，这种衰老又称为早衰；第三种是心理性衰老，心理活动是生理活动更高级的物质运动形式，人类由于各种原因，常常产生"未老先衰"的心理状态而影响机体的整体功能。

生理性老化一般对应个体生命周期的衰退期，表现为躯体机能退化、慢性疾病与健康风险突增，并伴随记忆力衰退、代谢功能减弱等隐性特征。老化的心理性探讨多属于心理学科，诸多研究进行了集中探讨，相关议题聚焦于老年人与青年人心理认知差异、老年人心理认知构建的成因、老年人心理认知的群体差异等（乐国安、王恩界，2004）。辩证式老化理论则试图在"中年危机"与"老年危机"之间达成平衡，巴尔茨和史密斯（Baltes & Smith, 1999）的选择、完善和补偿理论（SOG）作为辩证研究的新范例，认为生命的各个阶段均会发生心理上的得失计较，但老年人的失往往大于得。只要身体开始衰败，个体似乎不可避免地走向悲观，老年无用、老年忧愁、老年伤感等情绪极易放大老年心理得失。社会性老化是指个体步入老年后社会角色和行动发生的诸多变化。心理认知的不同结果决定个体消费预期的差异，从而影响消费选择的行为结果。在符号互动理论的解释下，外在生活的环境、个人因素以及两者相互作用的综合结果，共同对老年消费行为和消费心理产生影响。特别是特定环境中对老年人的社会规范和期待、老年人可及的资源等，最终决定了老年个体消费行为决策的选择。因此，从衰老本身出发带来的消费弱化是不可避免的过程，是个人和社会的相互作用下出现的可能结果。在一系列的社会互动中，个体会根据他人对自己的评判、态度来思考而形成自我概念，并决定行为的选择。在老龄化愈发严峻的当下，老年人基于社会评价以及生理衰退的基本事实，自我构建消极老年形象，由此导致有限的自我消费活动。

社会性老化是指个体步入老年后社会角色和社会行动发生的诸多变化，特别是在社会互动和社会角色变迁过程中，老年退离原先的工作岗位和社会角色造成的价值与身份失落感，并相应产生的意志衰退。有关老化的社会学观点颇多，围绕本书所关注的核心议题，重点从老年社会交换论以及代际转移互惠两个方面展开对社会性老化的讨论。社会交换理论最先由霍斯曼（Holsman）与布劳（Blau）提出，认为社会互动的双方都有特殊的需求和资源/资本，社会互动就是通过资源交换以满足自我需求的行为。交换过程中双方基于自身利益，总是企图以最低成本换取最大报酬，因此双方都会在某些利益上选择相互利用，当双方都达不到自我目的时，社会互动就会趋向停止。多德（Dodd，1971）首次将社会交换理论用于老年人分析，并首次从权力和资源不平等角度分析老年人所处的地位。老年人社会地位的决定因素是他们根据自身资源对社会的贡献以及社会为支持他们所付出的费用之间是否平衡。老年人缺乏物质财富、能力、成就、健康、美丽等社会认可的资源，因而社会地位下降甚至被迫脱离社会，在社会交往中处于屈从和依赖的角色。代际一般描述了不同代人之间思想和行为方式上的差异和冲突，代际互惠则是在代际差异的基础上强调了代际之间给予帮助和回报的道德规范。在社会心理学中，社会交换理论是解释人与人之间关系质量变化和发展的一个重要理论，而人与人在交换的过程中遵循的互惠原则是社会交换持续产生的重要前提（Gouldner，1960）。互惠规范被视为社会交换理论的核心特征并被用来解释发生在组织情境中的各种关系。作为潜在的交换机制，当一方给予另一方利益的同时相应建立起对应的义务，即后者在未来某时需对前者回报价值相当的资源。在我国传统的家庭养老体系中，"你养我小，我养你老"的反哺模式不仅是根深蒂固的文化传承，也是特定代际交换的结果。代际互惠理论与"反哺"具有共通性，强调了子女提供的支持对老年资源保障的合理性（仝利民，2006）。然而，在家庭规模日益小型化以及人口流迁的背景下，无论是代际互惠还是老年社会交换，均从社会属性方面出发表达了老年社会经济资源中的弱势地位。代际关系的诸多新变化在一定程度上改变了老年人可及资源的多与寡，相应决定了老年消费行为的选择空间。

3.1.2　年龄分层理论

年龄分层理论（也称为年龄社会学理论）建立在社会学结构功能主义之上，最早由赖利等（Riley et al. ,1972）提出，主要用于分析老年人行为与年龄之间的关系。该理论认为，个体一生中都经历着从出生、成长到死亡的变迁，且该变迁发生于特定的社会制度和社会结构之中；个体生命周期的变化与社会变迁相互交织，构成了每个特定个体不同的社会年龄，并赋予不同的社会角色与社会责任。可见，年龄之所以成为一种决定角色类型的因素，是生理的、心理的、社会的各类因素的共同作用。年龄分层效应首先表现为同期群效应，例如，可以将 0 ~ 100 岁的个体分成不同的年龄组、按照就读年限划分成不同的上学同期群、同时经历某事件的群体同样可以划分为不同的同期群，因此，同期群不仅包括相同年龄或处于生命历程同一阶段的人，也可以是经历过某类共同的社会事件的一批人。年龄分层也表现在不同年龄层之间的群体，不同年龄层的人受到社会外在变迁的影响不同，表现出来的行为责任亦迥然相异。

年龄分层理论对老年消费行为和消费决策的价值在于解释某些特定社会背景下重大事件对老年消费的预期以及不同年龄群体之间的消费差异（张世平，1988）。例如，同期群老年人之间对于能力、角色和期望的认知不同，造成的老龄化过程和程度不同，从而呈现的消费决策、消费选择也有所不同；对于所接受的文化、价值观念以及经济环境迥异的非同期群体而言，特定的成长经历以及社会发展的不同阶段，都将是决定其消费倾向、消费选择的重要差异性因素。

3.1.3　生命历程理论

生命历程理论来自芝加哥学派对移民的研究，是国际上正在兴起的一种跨学科理论，它侧重于研究剧烈的社会变迁对个人生活与发展的显著影响，将个体的生命历程看作是更大的社会力量和社会结构的产物。生命历程理论的基本分析范式是，将个体的生命历程理解为一个由多个生命事件构成的序列，同样一组生命事件，若排序不同，对行为主体的影响截然不同。生命历程理论可以看成是年龄分层理论的扩展，在考虑不同的出生组效应的基础上，再纳入空间以及生活事件对个体行为活动的影响。相比较其他群体，老年人的生命历程具有强烈的时代特征，并受传统的物质缺乏以及不富裕环境的影响，对个体重要的行为之一——消费产生特定的烙印。

生命历程理论的基本原理大致可概括为四个方面：一是"一定时空中的生活"原理。即个体在哪一年出生（出生组效应），属于哪一同龄群体，以及在什么地方出生（地理效应），基本上将人与某种历史力量联系起来。二是"相互联系的生活"原理。人总是生活在由亲戚和朋友所构成的社会关系之中，个人正是通过一定的社会关系，才被整合进特定的群体的，每代人注定要受到在别人的生命历程中所发生的生活事件的巨大影响。三是"生活的时间性"原理。生活的时间性指的是在生命历程变迁中所发生的社会性时间，它还指个体与个体之间生命历程的协调发展。这一原理认为，某一生活事件发生的时间甚至比事件本身更具有意义，强调了人与环境的匹配。四是"个人能动性"原理。人总是在一定社会制度中有计划、有选择地推进自己的生命历程，即使在有约束的环境下，个体仍具有主动性。人在社会中所做出的选择除了受到社会情境的影响外，还受到个人经历和个人性格特征的影响。因此，无论是生理性躯体功能，还是社会性、心理性等老化状态，均将是老年人生命历程中的重要生活事件，并在特定的出生组效应的基础上，决定老年个体的行为选择。

3.1.4　社会撤退理论和活动理论

社会撤离理论又称解脱理论，是从西方社会学主要流派之一的功能学派理论分离出来的，最早由美国的库明（Cumming）和亨利（Hery）于1961年的合著中提出。社会撤离理论是老年学中持续时间最长、引起争论最多的一种理论。该理论主张，人的能力不可避免地随年龄的增长而下降，老年人因活动力的下降和生活中角色的丧失，希望摆脱要求他们具有生产能力和竞争能力的社会期待，愿意扮演比较次要的社会角色，自愿地脱离社会。进入老年期的个体应该逐渐退出重要角色，老年人所担负的角色数量和重要性越少，他们的生活满足感和幸福感会越高。随着老年人衰老，他们不断地退出社会活动是不可避免的，虽然撤退过程难以避免，但由于个人健康状况与性格差异，撤退过程所发生的时间各不相同。因此，社会撤离理论认为，老年人从社会主流生活中的撤离，无论这一过程是因老年人自愿还是由社会起动，对社会和个人都会产生积极影响。

活动理论与社会撤离理论的基本观点正好相反，它认为老年人与青年人对社会参与与社会活动的需求并无本质区别，老年行动只是随着老化而相应退化，但个体所扮演的社会角色并不会因为年龄的增长而削弱。该理论基于这样一个前提，即老年人通过社会活动参与而获得角色，从而提高自我认同与生活满意度（邬沧萍，1999）。许多学者根据自己的研究都对活动理论提出的基本观点给予了肯定性的验证。活动理论也为大多数老年社会工作者所肯定，在老年社会工作者看来，社会不仅在态度上应鼓励老年人积极参与他们力所能及的一切社会活动，而且应努力为老年人参与社会提供条件。现实的情况是，一些老年人想有所作为而苦于没有机会；一些老年人因退出社会主流生活而导致终点抑郁症；一些老年人因长期独居无人交谈而提前进入脑退化阶段。而且，社会对老年人的刻板印象导致他们丧失了诸多社会角色参与的机会。老年人社交活动变窄，产生强烈的价值迷茫与自我否定情绪（王裔艳，2004）。特别是，随着核心家庭和双职工家庭的增多，快速的生活节奏和竞争压力使子女很难抽出更多的时间陪伴老人。因此，要积极鼓励老年人参与社会，改善因为变老而角色中断所带来的困惑与迷茫，使其正确认识自我并重塑老年价值。

活动理论重塑了老年人消费行为的积极意义，在社会物质生活日益多元化的当下尤为突出。消费特别是文娱消费作为重要的社会活动，不仅能有效促进老年人社会参与，也利于提高其价值发挥。撤退理论与活动理论相反，它从生理性的衰退解释了社会性参与退出的合理性，并阐述了老年人单调、刻板的生活的根源。因此，撤退理论和活动理论在探寻老年人差异化的消费水平以及不同层次的消费结构上提供了独特的理论逻辑与解释视角。

在老龄化的政治经济理论视角下，同样从社会资源的约束出发，构建了老年被动消费活动的社会意义。社会结构对于老年人得到有价值的社会资源发挥着结构性阻碍作用，社会主导集团通过使阶级不平等永存来维持他们的利益。个人在社会结构中的位置和社会发展的政治、经济动力决定了个人的老龄化轨迹、拥有的资源和社会地位。社会分配权力、收入和资产的不公平，会导致社会体制和老年人需求的不协调。老龄社会中的问题和老年人面对的各种问题是由社会结构带来的，而不是由个人因素造成。因此，要解决老年问题，改变社会结构或许是更为重要的面向。这种理解视角甚为消极，从社会控制出发来强调老年人与社会的相适应，忽视了老年人本身及其所面临的社会经济结构。由此，老年人被动式的依赖关系决定了社会资源的劣势地位。从年龄分层出发，社会主导的年轻群体对老年人的资源获得具有强约束，从而导致老年人社会权利、社会资源获得的不公平。这种影响在社会中是形成对老年人的刻板印象，如老年无用、衰老、消费人口等；在家庭中，则与不断向下流动的代际资源关系相一致，导致老年人在家庭资源的被排挤状态。基于消费与资源（收入、财富）之间的重要关系，在老年资源约束下，必然导致有限的消费支出。

3.2　预防性储蓄理论与行为周期生命理论

预防性储蓄思想不仅是不确定性消费实证分析的理论基础，

也是本书的核心指导理论之一。它从经济活动中存在的不确定性因素出发去解释行为者主体的消费（储蓄）行为，并试图寻找影响个体消费行为的新变量。预防性储蓄理论认为，当个体未来面临的风险越大，其进行预防性储蓄的动力越强，试图将更多的物质和财富转移到未来进行消费。因此，存在不确定性因素的情况下，收入水平下降，将会带来预防性储蓄的增加，对应的消费支出减少；反之，收入水平增加，预防性储蓄则减少，对应的消费支出增多。对风险厌恶者而言，当未来存在可能的风险时，降低消费水平以及增加储蓄是必然选择。根据储蓄性预防理论，伴随躯体生物性老化而出现的疾病与健康风险构成了行为主体的不确定预期，老年人势必减少消费支出以应对未来更长期可能出现的新风险。

行为生命周期是对生命周期理论完全理性假定的改进，针对生命周期理论没有不确定性缺陷而引入社会心理学视角，使之更符合个体生活中的经济活动与经济行为（Shefrin & Thaler，1988）。人们在进行消费决策时，总是面临"现实消费"还是"推迟消费"的选择。一方面，消费的"诱惑"使个体希望更多地享受当前的消费而不愿意推迟；另一方面，需要为未来的消费进行储蓄而必须舍弃当前的消费。如果只是关心眼下利益、享受当下的感性个体，称之为"行动者"；反之，追逐长期利益以及未来的消费权利的理性消费者，则称之为"计划者"。消费个体处于一种"双重偏好结构"的矛盾之中，为了解决短期与长期利益之间的冲突，"心理账户"应运而生。个体根据财富的来源和形式，将其分为不同的心理账户。例如，消费者每月从现期收入中提取一定的比例作为养老基金，将现期收入账户的财富转移一部分至未来收入账户上。不同个体对心理账户的认知不同，所发挥的作用也迥然相异。行为生命周期比生命周期在解释不同年龄群体的消费决策上更具适用性。老年与年轻群体的生命形态、收入来源等差异万千，在"行动者"与"计划者"之间的抉择亦不同。例如，老年人收入渠道单一，国家社会保障制度的不尽完善决定了老年人的经济劣势，与年轻人相比，老年人似乎更可能扮演"计划者"角色。年轻一代受信用卡消费、借贷消费等现代化消费方式的影响，更为偏好即时的现实消费，从而更可能表现为"行动者"角色。

3.3　不确定性的多重情境论

不确定性不仅是经济学也是社会学中经常出现的核心概念，但在存在形态、学科探究的层次上存有较大差异。涂尔干、韦伯以及常人方法论者等社会学思想中均渗透对不确定性的探讨。涂尔干的不确定性思想可以这样理解：人类社会机械团结中的集体意识之所以逐渐退化，是因为产生了不确定性。现代社会在全球化背景下，未知因素越来越多，难以寻求一种通用的秩序去规范整个社会，不确定性也相应成为区分机械团结、有机团结社会的重要标尺（涂尔干,2000）。韦伯将不确定性纳入历史事件的发展过程，他认为历史事件虽然有规律寻迹，但特定时刻和特定条件下总不会出现确定的历史结局，历史事件总是充满了不确定性的空间。随着全球化以及社会未知因素的加剧，社会日常生活中各种情景的不可预知、人与人之间关系的矛盾成为社会学不确定性研究的新的方向（韦伯,2007）。舒茨（2012）认为，他者带来不确定问题。他人在意识经验中所构成的行动，对"我"而言犹如外在世界的事件，我们仅能够通过他人的行为进行某种意识性的解读，因此他者对于主体的"我"而言充满了诸多不确定。加芬克尔（Garfinkel，1996）则认为，社会情境充满了不确定性。日常生活中的人们并非总是按照既定的规则行事，社会关系和情境中充斥着太多不可预知和把握的因素，行动者会根据适当的情境以及个人可以控制的方向去调整。即便某些可知之物在遇到了特殊的情境之后容易转变为不可通约的"潜规则"，由多样化情境带来的不确定性因素也相应增加。对于老年群体而言，无论是基于个体生命阶段呈现出的诸多特征因素，抑或是宏观社会的外在变化，均是老年特定生活时空下的多重情境来源，并不断塑造个体的行为选择。

3.4 理论分析框架

基于老龄理论体系中的生理性、社会性以及心理性等老化特征的三维度理论，构建属于老年身份的不确定性多重情境预期。个体所面临的差异、区别均是一组组特殊情境的来源，情境的多重性决定了不确定性的多样性，从而导致个体应对行动的差异。根据"他者"的概念，外在的事物是相对于主体存在的"客体"，客体的行动对于主体来说是外在的，是无法准确预知和把握的。对于某一类相同特征的老年群体而言，其他特征的群体是"他者"，相互之间是陌生的、且难以准确认知。城乡、收入、主观预期寿命、年龄、时空、代际关系等均是一个个不同的情境。分析老年消费行为的独特形成机制，不仅是对不同情境来源的探讨，也可以看成是不同类别群体面临"他者"不确定性时的行动选择。例如，年龄分层理论在解释不同出生队列组老年人行为差异上意义突出；行为生命周期则在解释即时消费与未来消费、"行动者"与"计划者"等消费角色上具有重要启示。因此，在不确定性的"他者"论、多重情境论的指导下，通过发挥中介效用的不确定性多重情境预期，探讨基于老龄理论所产生的老年特征与消费决策之间的关系。本书的研究框架如图3-1所示。

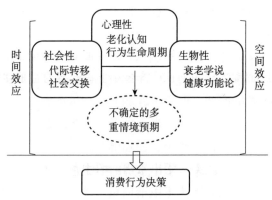

图3-1　老年消费的理论分析框架

首先，基于老年生理性特征产生的健康支出风险与消费决策。老化是生命机体逐渐衰老的动态过程，最直接表现为生物机体的衰老，对应的显现特征是身体机能退化，行动能力不足，并伴随老年疾病、健康隐患的增加。老年健康风险也相应成为老年人的支出不确定性因素，并负向作用于老年人的心理预期而成为影响消费的关键因素。老年人对疾病的敏感程度往往高于收入，从而疾病风险以及相应的支出预期对老年活动及行为决策产生的影响更大。因此，伴随生物性老化的健康疾病风险成为不确定性支出预期的重要来源，并成为影响老年消费选择的重要因素。在第5章中，将疾病、医疗支出风险等作为生理性老化的有效测量，探讨支出以及支出风险预期等对稳定性消费行为的影响。

其次，基于老年社会性特征、代际互惠以及老年社会交换等产生的老年消费动力与消费选择空间。老年社会交换论、代际转移互惠论不仅强调了老年人社会经济地位的弱势，也揭示了老年人主要的经济收入来源，即转移收入以及代际支持。目前，中国社会养老保障制度有待继续完善，社会赡养功能有限，更多是辅以家庭养老。但随着家庭结构不断缩小，家庭的赡养功能也逐渐丧失，"反哺"出现断裂，老年人所依靠的转移收入以及代际支持相应面临极大的风险，并构成不确定收入预期的重要来源。特别是随着中国家庭资源代际流动越来越向幼辈倾向，老年人可以获得的家庭资源和家庭支持十分有限。在此情况下，老年消费行为决策将受到何种影响？第 6 章进行了较为详细的验证。

再次，基于老年心理性特征产生的不确定预期与消费决策。老年心理认知是伴随社会性老化与生理性老化而出现的心理变化，从中青年向老年阶段的过渡中，秋愁、患得患失等"老年危机"不断涌现。老年心理并非总处于消极状态，而是基于社会性、生物性等客观状态呈现的综合认知。主观预期寿命作为老年人对自我健康以及生命归宿的认知，不仅是他们对自我生物性机体状况的判断，也是基于老化状态的社会性因素做出的综合评价。在家庭养老仍然占据主导地位的现实情境下，老年人如何安排和规划更长期老年阶段生活，亦是老年自我价值反思和自我认知的重要呈现。将主观预期寿命作为老年人主观风险感知的重要指标，从主观感知的可以存续的生命跨度出发，分析其对消费行为产生的影响。从行为生命周期视角出发，老年人主观预期寿命不同，对未来更长期消费的规划也相应存在差异。主观预期寿命长者更类似于"计划者"，主观预期寿命短者更类似于"行动者"。第 7 章陈述了主观预期寿命与消费之间的关系。

最后，基于广义时空的生命历程与消费决策。社会性、生物性或是心理性等老年特征，通过构建的不确定性多重情境预期共同决定了老年消费行为的选择空间。然而，多方面的影响都发生在特定的时空当中，而生命历程恰好提供了行为研究的时空视角。从时间因素出发，老年所处的年龄、出生队列以及特有的时期在一定程度上决定了个体行为选择的差异，且对生物性、社会性或生理性因素与消费之间的关系予以调节，也即诸多老化特征对老年消费行为的影响受时间因素的作用。从空间因素出发，老年人经历的社会背景、生活事件等均是某类行为选择的决定因素，而不同老化特征本身既是影响消费的因素，也构成独特的生活事件影响老年消费支出乃至消费结构。因此，在前面不同理论因素分析的基础上，纳入生命历程的视角，动态分析时空变迁对老年消费的影响。第8章较为详细地对该问题进行了陈述。

第4章　老年消费结构与消费特征

第2章对老年人总体的消费水平与消费结构进行了探讨。鉴于老年群体内部存在的分化，在第2章的基础上，本章进一步对不同特征群体消费活动进行分析。不确定性的多重情境论认为，社会关系和情境中充斥着诸多不可预知和把握的因素，行动者将根据合适的情境以及个人可以控制的方向去调整并达到预期的程度。年龄、城乡、收入等诸多因素构成的"他者"情境均是老年群体内部分化的重要差异来源。本章从不同的情境因素出发，分析以上"他者"情境与老年人消费之间的关系，试图准确把握老年消费行为的群体差异以及更为详尽的消费特征。

4.1　分年龄消费特征

4.1.1　数据与指标

本部分使用的数据是中国老年健康与养老追踪调查（CHARLS）2011 年全国基线调查数据以及 2013 年的追访数据。该数据是由北京大学国家发展研究院主持、北京大学中国社会科学调查中心与北京大学团委共同执行的大型跨学科调查项目，旨在收集一套代表中国 45 岁及以上中老年人家庭和个人的高质量微观数据。根据研究目标，选择了年龄在 60 岁及以上的老年人作为分析对象。2013 年在 2011 年的基础上进行了追踪调查，并补充了少量的新样本，整体的抽样规则与 2011 年保持一致。剔除缺失样本后，两个年度用于分析的有效数分别为 8539、9017。

本部分以老年人年龄为依据，分析了与年龄相关的消费特征，选取的指标主要包括以下内容。

（1）年龄及年龄分组。年龄分层理论对于解释某些特定社会背景下老年人消费行为预期以及不同年龄群体之间的消费差异具有重要指导意义。对于老年人来说，年龄是划分其身份的重要标志之一。就不同年龄段的分布来看，2011 年，60~64 岁、65~69 岁、70~74 岁、75~79 岁、80 岁及以上五个年龄组的人数占比分别为 34.79%、23.25%、17.91%、13.09%、10.96%；2013 年相应年龄组的占比分别为 34.28%、23.14%、17.90%、12.67%、12.02%。

（2）消费水平与消费结构。本部分关注的是具有稳定性的、维持正常日常生活支出的消费部分，包括食品消费、衣物消费、基本服务消费、文化娱乐消费。食品消费对应的是日常生活中的食品支出，包括购买蔬菜、肉类、粮油等支出，但不包括香烟、酒水等奢侈性非基础性的生活消费，由于 CHARLS 提供的数据包括家庭自产自销的部分，因此食品支出除了购买的部分外，也将自家生产和消费的农产品涵盖在内。衣物消费是指过去一年中购买衣物所发生的支出，是通过市场产品交易而发生的消费。基本服务消费包括水电气支出、物业费、当地的交通费以及通信费，这类支出依托于外在的服务机构存在，是比衣物消费、食品消费更高层次的消费类别。文化娱乐消费包括书报、影剧票、碟片、DVD 等文化类支出以及旅游类支出，该类消费是随着物质生活发展、精神文化需求增大而不断衍生出的消费。根据不同消费对日常生活的影响，本书认为食品消费、衣着消费属于基础性生存消费，家庭基本服务消费、文化娱乐消费属于扩展性休闲消费。

消费水平反映了绝对消费支出的"高""低"，不仅包括总的消费水平，也包括各单项支出。本书的消费结构包括四个变量，分别是食品消费占总消费比重、衣物消费占总消费比重、基本服务消费占总消费比重以及文化娱乐消费占总消费比重。消费不仅是个人行为，也镶嵌在家庭活动中。除了独居者个人的消费行为代表了家庭行为，两人或多人同住者的消费行为则上升为家庭的集体行动。消费具有规模效应，即增加一个消费成员所带来的成本支出往往低于平均值。纵观已有的核心调查数据，多以家庭为中心，如何获取个人的消费数据则十分困难。为了有效解决这一矛盾，已有研究进行了诸多试探。其一，平均法。乐昕（2014）、乐昕和彭希哲（2015）根据家庭成员的人数对消费总额进行简单平均，并以得到的平均值作为老年人个体的消费水平。其二，以家庭为单位，直接用家庭的总消费进行分析，并以户主的人口学特征代替家庭特征，以分析不同年龄结构的家庭的消费行为（罗楚亮，2005；O'neill & Chen, 2002；Dalton et al., 2008）。其三，为了克服上述测量方法过于直接或是损失了非户主以外的家庭成员的特征对消费造成的偏误，部分学者试图对家庭中不同年龄成员的消费水平进行了分解。例如，曼丘和威尔（Mankiw & Weil, 1989）、米红和任正伟（2004）、朱勤和魏远涛（2015）分别用计量学的分解方法，得到各年龄人口与各类消费需求之间的对应关系。但无论采取哪种处理方式，均是一种估计形式，相应存在各自的优点与不足。鉴于朱勤、魏远涛（2015）的计量方法是建立在经典的需求和消费函数基础上并扩展了年龄变量，且进一步引入了性别因素，故本书对于老年人消费的处理延续了该思想，以试图分解出不同性别年龄老年人各自的消费水平部分。具体的计量方式如下：

$$\begin{cases} \ln E = a + b\ln I + c\ \ln I^2 + \sum\limits_{j=0}^{n} d_j Y_j + \mu \\ \ln E_k = \alpha_k + \beta_k \ln E + \sum\limits_{j=0}^{n} \gamma_{k,j} Y_j + \varepsilon_k \\ Y_j = \sum\limits_{i=1}^{N} Dummy_{i,j} \end{cases} \quad (4-1)$$

其中，$Dummy_{i,j}$ 为家庭中第 i 个成员年龄是否为 j 的哑变量；j 为年龄下标，n 为年龄上限值；N 为家户总人数；Y_j 为家庭中年龄为 j 岁成员的人数；E 为家户总消费的人均支出，I 为家庭人均纯收入；E_k 为某 k 类消费的人均支出。α、β、γ 与 a、b、c、d 均为待估计的参数。

若对性别年龄进行分解，则有：

$$YM_j = \sum\limits_{i=1}^{N} Dummy\ M_{i,j}; \quad YF_j = \sum\limits_{i=1}^{N} Dummy\ F_{i,j} \quad (4-2)$$

其中，$DummyM_{i,j}$、$DummyF_{i,j}$ 分别为家庭中第 i 个成员的年龄是否为 j 的男性或女性的哑变量，YM_j、YF_j 分别表示家庭年龄为 j 岁的男性和女性人数。

进一步可知，j 岁年龄人口的平均总消费支出 E_j 及其对第 k 类消费项的消费支出 E_{kj} 近似表述为：

$$\begin{cases} E_j = \exp\ (a + b\ln\bar{I} + c\ (\ln\bar{I})^2 + d_j) \\ E_{k,j} = \exp\ (\alpha_k + \beta_k \ln\bar{E} + \gamma_{k,j}) \end{cases} \quad (4-3)$$

其中，$\bar{E}$ 为家庭总消费的人均支出；$\bar{I}$ 为家庭人均纯收入的平均值。

借鉴朱勤、魏远涛（2015）的思路，初步对分性别年龄家户成员的消费额度进行了剥离，从而有效得出不同性别老年人的消费水平。

（3）各类收入波动指标。诸多消费理论探讨收入与支出之间的紧密联系，在分析消费随年龄的变动趋势时，难以忽视收入与消费之间的年龄差异的讨论。故此部分也重点考虑了收入与消费之间随年龄变动的趋势特征，以准确把握老年消费的年龄规律。基于不确定性以及预期储蓄消费理论及已有的经验研究，构建了收入不确定性指标，一是收入对数值的组内方差，二是随机收入波动（具体见表4-1）。前者反映了不确定性值的绝对大小；后者通过实际收入与预测收入之间的偏离程度来测量，即收入的实质值与预测的趋势值之间的差值，它不仅包括数值的大小，也体现了收入波动的方向。

表4-1　　　　　　　　　　收入不确定的测量

变量名称	测量规则	变量定义
收入不确定性	转移收入对数的组内方差	根据退休前职业、行业、单位类型/子女结构、职位、年龄、受教育程度、地区进行分组，然后计算转移收入的组内对数方差
	代际支持对数的组内方差	
	随机代际收入波动	根据已有研究构建各类收入函数；实际值与预期的值之间差值的平方（<0时，平方项赋值"-"；反之，赋值"+"）
	随机劳动收入波动	
	随机转移收入波动	

收入对数值的组内方差。根据不同的收入来源，研究界定了转移收入、代际支持两类收入对数的组内方差。卡罗尔、桑威克（Carroll & Samwick，1996）在多期追踪数据调查的基础上，根据家庭户主的职业种类、行业、受教育程度等将家庭分成26组，并计算剔除趋势值后的收入分组对数方差以得到收入冲击的分布函数。孙凤（2002）、罗楚亮（2005）、丁继红等（2013）借鉴该思路，对单期截面数据采用对数收入的组内方差进行测量，并以此作为收入不确定性。根据数据的可及性，对年龄、受教育程度、子女结构、劳动经济特征、地区等因素进行分组，然后计算得到相应的收入对数的组内方差。本部分没有对劳动收入进行的组内方差进行测量，主要是因为样本对象相当部分已经离退休，

或处于打散工、不在业的闲置状态，难以寻求到有效的分组依据，故针对劳动收入只是测量了实际值与趋势值之间的偏离程度。

随机收入波动。为了准确把握不确定性变化的程度和方向，进一步利用随机收入波动作为不确定性的测量，并将随机收入的平方作为收入方差的无偏估计。类似的测量方法见诸乔兰和拉瓦利安（Jolan & Ravallian，1998）、迈尔斯（Miles，1997）的研究中。为了对其方向进行限定，当当期收入大于预期收入时，随机收入的平方项被赋予"＋"；当当期收入小于预期收入时，随机收入的平方项被赋予"－"。根据老年群体收入来源的差异，研究分别界定了随机代际收入波动、随机劳动收入波动、随机转移收入三类收入不确定性指标。收入波动实则是一种变动性，使收入呈现上升、下降等趋势，且不同的波动形式对消费主体造成的不确定性的感知程度是相异的。在现实生活中，人们更关心的是收入减少对消费行为的冲击，而将收入上升作为助推消费提升、优化消费结构的直接逻辑。

4.1.2 分析结果

4.1.2.1 不同年龄老年人的消费水平

随着年龄增长，总消费呈现先降低后回升的"U"型趋势，且在基础性生活消费上尤为明显。就2011年来看（见表4－2），总的消费支出从60～64岁的3729元降至70～74岁的3532元，在75～80岁回升至3720元，提升幅度较为明显；2013年的消费支出从60～64岁的4171元降至70～74岁的3807元，并在80岁之后上升至最大（4157元）。就基础性的食品消费来看，从60～64岁到70～74岁的消费水平依次降低，70～74岁到80岁及以上的消费水平不断上升。60～64岁、65～69岁、70～74岁、75～

79 岁、80 岁及以上老年人的消费支出分别为 2435 元、2654 元、
2347 元、2507 元、2533 元。2013 年也呈现类似的年龄消费特征，
60 ~ 64 岁、65 ~ 69 岁、70 ~ 74 岁、75 ~ 79 岁、80 岁及以上老年
人的消费支出分别为 2732 元、2795 元、2576 元、2871 元、3008
元。分年龄的衣物消费与食品消费保持一致。在两个调查年度，
各年龄的衣物消费分别为 380 元、360 元、348 元、390 元、362
元；364 元、361 元、333 元、381 元、402 元。低龄老年人的收
入来源相对较多，更具消费实力。随着年龄的增长，低龄老年人
存续的人力资本逐渐丧失，收入来源减少，建立在收入之上的消
费能力相应降低。这一定程度上说明，高龄老年人的消费动机与
消费需求强于中低龄老年人，前者更愿意利用已有的储蓄进行消
费，以补偿入不敷出的差额状态。高龄老年人与中低龄老年人相
比，接近生命的垂暮之期，更珍惜已有的生命期，相应加大了对
外在物质的需求。当然，子女孝顺、保障老年父母能够安享晚年
也是强化高龄老年人消费动机的重要原因。

表 4 - 2　　　　　　　不同年龄段消费水平　　　　　　单位：元

年份	年龄段	总消费	食品消费	衣物消费	基本服务消费	文化娱乐消费
2011	60 ~ 64 岁	3729	2435	380	725	190
	65 ~ 69 岁	3887	2654	360	654	218
	70 ~ 74 岁	3532	2347	348	638	199
	75 ~ 79 岁	3706	2507	390	639	170
	80 岁及以上	3720	2533	362	647	177
2013	60 ~ 64 岁	4171	2732	364	849	225
	65 ~ 69 岁	4175	2795	361	796	223
	70 ~ 74 岁	3807	2576	333	687	209
	75 ~ 79 岁	4112	2871	381	665	195
	80 岁及以上	4157	3008	402	544	202

资料来源：根据中国健康与养老追踪调查（CHARLS）数据整理而得。

文娱性消费随年龄增长而不断下降。两个年份的调查数据均显示，基本服务消费随着年龄的上升而依次下降，60～64岁的老年人服务消费水平最高，80岁及以上老年人消费水平最低。各年龄段的文化消费随着年龄增长而逐渐降低，尽管80岁及以上老年人的文化娱乐消费略高于75～79岁，但相差甚微，并不影响消费与年龄整体的趋势关系。如果将69岁及以下的低龄老年人作为一类，70岁及以上的中高龄老年人作为一类，年龄与消费的负向关系更明显。具体而言，2011年60～64岁、65～69岁、70～74岁、75～79岁、80岁及以上老年人的基本服务消费分别为725元、654元、638元、639元、647元；2013年各年龄段老年人的消费支出分别为849元、796元、687元、665元、544元。各年龄段老年人在两个调查年度的文娱性消费则分别为190元、218元、199元、170元、177元；225元、223元、209元、195元、202元。文娱性消费与基础性消费分属性质迥异的消费类别，前者是建立在基础物质需求以外的衍生性消费，是随着社会进步发展而衍生的新的消费类别，更多满足人们精神层次的消费需求。对于老年人来说，消费结构单一，主要以食品、衣着消费为主，而以文娱类消费为辅，但消费内容在老年人内部随着年龄的分化而发生变化。随着躯体状态的持续老化，高龄老年人受制于身体条件往往很难再进行泛文娱消费，即不具备进行文化性消费的身体资本，从而造成消费的单一。另一个难以忽视的原因在于，高龄老年人成长于物质生活极度匮乏的年代，形成了节俭、求实、朴素的消费惯习，虽然在老年期面临物质经济生活条件的快速提升，但过去长期的经历决定了其消费的单一性，即消费需求以物质消费为主，对文娱性消费的需求偏低。

4.1.2.2　不同年龄老年人的消费结构

随着年龄增长，基础性食品消费占比越来越大，文娱消费占比越来越小。2011 年数据显示（见表 4 - 3），从 65 ~ 69 岁开始，食品消费占总消费的比重从 65.3% 升至 80 岁及以上的 68.1%；服务消费占总消费的比重从 65 ~ 69 岁的 19.4% 降至 80 岁及以上的 17.4%；文娱消费作为本节所界定的最高层次的休闲性消费，随着年龄推移而依次降低。2013 年分年龄的消费结构整体上也呈现同样的趋势，食品消费占总消费的比重从 60 ~ 64 岁的 65.5% 逐渐上升至 80 岁及以上的 72.4%；服务消费占比从 60 ~ 64 岁的 20.4% 逐渐下降至 80 岁及以上的 13.1%；文化消费占比随年龄的下降虽然略微波动，但仍然呈现明显的负向关系，并从 60 ~ 64 岁的 5.4% 逐渐下降至 80 岁及以上的 4.9%。对于各年龄段的老人来说，食品消费占总消费的比重无疑是最大的，并随着年龄的增大而进一步上升。出现这一结果的原因在于，基础性的食品供给对于老年人来说更容易获得，文娱消费类产品的供给并不如食品消费类产品丰富，尤其是对农村老年人而言，文娱类消费的供给渠道有限，甚至不少地区出现有消费需求而无消费供应的现象。年龄越大，老年人越难具备需求文化性消费的身体资本，从而共同造成文娱消费的不足。

表 4 - 3　　　　　　　　不同年龄段消费结构　　　　　　　单位：%

年份	年龄段	食品消费占比	衣物消费占比	基本服务消费占比	文化娱乐消费占比
2011	60 ~ 64 岁	65.3	10.2	19.4	5.1
	65 ~ 69 岁	68.3	9.3	17.2	5.6
	70 ~ 74 岁	66.5	9.8	18.1	5.6
	75 ~ 79 岁	67.6	10.5	17.2	4.6
	80 岁及以上	68.1	9.7	17.4	4.8

续表

年份	年龄段	食品消费占比	衣物消费占比	基本服务消费占比	文化娱乐消费占比
	60~64 岁	65.5	8.7	20.4	5.4
	65~69 岁	67.0	8.6	19.1	5.3
2013	70~74 岁	67.7	8.7	18.0	5.5
	75~79 岁	69.8	9.3	16.2	4.7
	80 岁及以上	72.4	9.7	13.1	4.9

资料来源:根据中国健康与养老追踪调查(CHARLS)数据整理而得。

随着年龄由中低龄向高龄的推移,文娱消费相应大幅降低。发展性消费与年龄之间呈现两个梯队:75 岁及以上老年人的家庭基本服务消费占比、文化娱乐消费占比属于低层次梯队,而 75 岁以下老年人属于高层次梯队。例如,2011 年与 2013 年的数据均显示,75~79 岁与 80 岁及以上老年人的文化娱乐消费占比均低于 5%,但 75 岁以下老年人的文化娱乐占比则在 5% 以上。老年人的发展性消费随身体条件的限制而不断降低,但这种降低趋势在 75 岁发生了较大幅度变化。因此,75 岁成为划分老年人行动能力的重要分界点。

由此可知,随着年龄增长,老年人所需求的消费类别相应发生变化:高龄老年人的基础性消费最高、低龄老年人的文娱消费最高。两个年度的数据均显示,随着年龄增长,各个类别的消费水平呈现一定程度的波动,虽然高龄老年人的食品消费以及衣物消费并不具有绝对的数量优势,但相对该年龄段的总消费占比最高。例如,2011 年 80 岁及以上的高龄老年人的食品消费为 3720元,略低于 60~64 岁低龄老年人的消费,但高龄老年人的食品消费占总消费的比重远高于其他年龄段老年人。随着年龄的增长,文娱消费的绝对水平逐渐降低,文娱消费占相应年龄的总消费也依次降低。随着物质生活的提高,预期寿命越来越长,低龄老年人步入社会对其界定的"老年"角色中，但身体素质、生活方式仍延续中年阶段，在接受新知识、体验多样化的生活方式上仍具有较强的行为依赖，从而也维持了较高的发展性消费。随着身体功能的进一步老化，受制于消费载体的行动力，即便有多样化的消费需求也难以有效实现，从而提高了基础性物质消费对总消费的相对优势。

4.1.2.3　收入波动与消费水平随年龄的变动趋势

本节分析的是收入的波动因素对消费的影响是否存在年龄差异，并试图找出消费的年龄差异特征。前面共界定了一项总消费与四类分项消费，但此节在分析的时候只考察了总消费与收入波动因素之间的年龄差异，一是避免消费种类过多造成的复杂性，二是老年人消费主体之基础性消费与总消费在年龄分布上具有较大的类似性，故此处仅选取总消费作为代表进行分析。为了准确反映消费的年龄差异，按年龄与消费的"U 型"关系以及样本的分布对年龄进行了分组，将 70 岁及以上的老年人作为高龄组，将 70 岁以下的老年人作为中低龄组。同时，对总消费水平进行对数化处理，以消除偏态分布所导致的非有效性。

其一，分年龄段消费水平与收入对数的组内方差关系。消费水平与收入对数的组内方差负向相关，年龄大者受收入对数的组内方差的影响略大。收入对数的组内方差越大，消费水平越低，且在各个年龄段呈现相同特征（见图 4 – 1 和图 4 – 2）。无论是转移收入对数的组内方差还是代际收入对数的组内方差，均与消费水平呈负向相关关系。年龄越大，消费水平受收入对数的组内方差的影响越小。高龄老年人的消费水平随收入对数的组内方差增大而降低的幅度小于低龄老年人，尤以 2011 年的转移收入最为明显，但不同年龄的消费在代际收入对数的组内方差上的差异甚小。

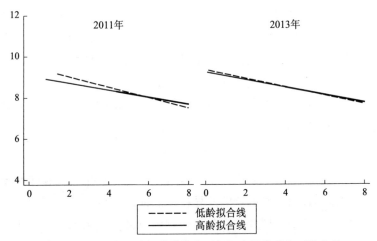

图 4-1 分时点、分年龄消费水平与组内转移收入对数方差

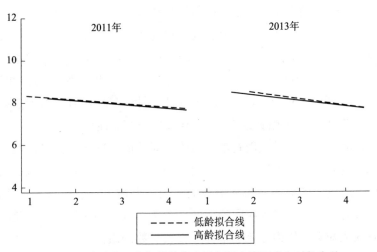

图 4-2 分时点、分年龄消费水平与组内代际收入对数方差

其二，分年龄段消费水平与收入波动的关系。不确定性负向良好性收入越大，老年人消费水平越高；低龄老年人消费水平随收入波动的幅度略大于高龄群体。老年人的消费水平与不确定性良好负向性收入呈正向相关关系，该趋势在三类收入波动性指标

上均呈现一致性（见图 4 - 3、图 4 - 4 和图 4 - 5）。就年龄差异来看，低龄老年人消费水平随收入波动的幅度大于高龄老年群体，且这种差异在 2013 年的转移收入与代际收入上最为明显，但整体的相差幅度较小。

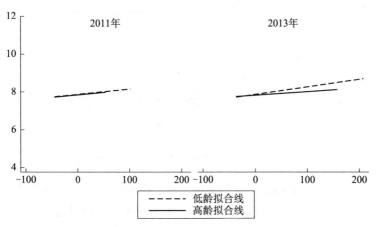

图 4 - 3　分时点、分年龄消费水平与转移收入波动

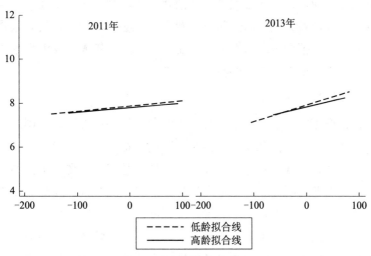

图 4 - 4　分时点、分年龄消费水平与代际收入波动

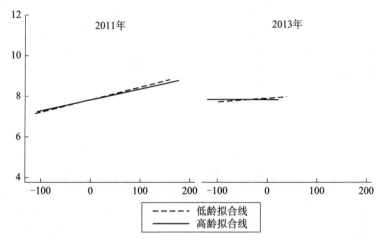

图 4 - 5 分时点、分年龄消费水平与劳动收入波动

以上结果表明，随着年龄的增长，老年人面临的不确定性程度在下降，预期收入也越来越朝着实际收入的方向发展，从而导致其对消费产生的波动有限。与此同时，高龄老年人相比较中低龄老年人而言，消费习惯单一、消费结构较为稳定，主要以基础的衣食性消费为主，而这部分消费为生活必需类消费，具有很强的稳定性，消费需求弹性小，从而导致高龄老年人不仅消费水平稳定，而且消费水平受外在收入不确定性的影响较小。

4.1.2.4 分年龄老年消费特征

结合年龄、消费水平以及收入波动之间关系来看，中国老年人消费呈现"高龄稳定、低龄波动"的特征。首先，随着年龄增长，总消费呈现先降低后回升的"U 型"趋势，且在基础性的生活消费上尤为明显。对于不同年龄段的老年人来说，高龄老年人比低龄老年人的消费水平出现较大幅度回升，但这种特征主要体现在食品以及衣物等基础性消费上。这说明高龄老年人的消费结构相对比较单一且稳定，以基础性的衣物消费为主。其次，随着年龄增长，老年群体面临的收入不确定性因素逐渐变小，而支出不确定性因素逐渐变大。但这两类因素对高龄老年人消费水平的影响均弱于低龄老年人，高龄老年人的消费水平受不确定性因素的影响小。值得注意的是，在对各类分项消费的分析中发现，食品消费与总消费水平受不确定性因素影响的程度、方向比较一致，但高龄老年人文娱消费受某些支出不确定性因素影响的程度大，从而造成高龄老年人文化类消费曲线快速下降。这一补充性分析进一步说明，"高龄稳定"突出体现在以基础性消费为主的结构稳定、较少受不确定性因素影响的消费水平稳定两个方面。

另外，中低龄老年人的消费水平更高、消费结构更丰富，且在文娱消费上有较为明显的优势。尽管尚存的人力资本优势使低龄老年人的消费水平和消费结构更具优势，但也更容易受不确定预期的影响，尤其是健康风险、医疗波动等支出不确定性因素的影响。与高龄老年人相比，低龄老年人消费水平受不确定性因素影响的幅度更大，这一事实并非说明低龄老年人消费上的弱势，而是低龄老年人面临更多的不可预期的因素。在这种未知空间的包围下，低龄老年人既有对未来更长时期的安排与规划，也有当前的未知风险因素；而高龄老年人更加接近生命的谢幕期，对于未来的不确定性预期显然小于低龄者，尽管受制于身体因素，高龄老年人的消费结构有限，但是面临的不确定性因素相对更少。"低龄波动"给我们的启示是：低龄老年人具有较强的消费需求，但其消费决策却极易受到外在波动因素的制约，从而导致消费水平降低以及消费结构的单一。故此，我们应该从降低低龄老年人面临的波动与扰动因素入手，完善老年人获取收入的各项途径，提高老年人社会保障和医疗保障。一方面，通过社会养老保险直接降低老年人的收入风险，提高对未来收入稳定的预期；另一方面，通过医疗保险间接降低老年人的医疗支付，从而降低老年人面临的健康与疾病风险。

4.2 分收入老年人消费特征

凯恩斯的消费理论阐述了收入对消费的重要作用，并将收入作为影响消费水平高低的绝对因素。本节试图以收入为标尺，对不同收入等级老年群体的消费行为进行分析。为了有效实现这一目的，首先对收入进行分组。此处进行等级划分的收入为家庭收入而非老年人个体收入。老年人整体的收入偏低，难以进行有效的等级分组；老年人的经济风险镶嵌在家庭的经济活动中，受到家庭良好经济环境的保护以及随着劣势经济条件而恶化。根据家庭收入的分布，简单进行了高低收入区分，将收入处于平均值以上的老年群体归入高收入者，处于平均值以下的归入低收入者。数据分布显示，2011 年高收入者占比 30.39%，低收入者占比 69.61%，2013 年两群体占比分别为 68.49%、31.51%。可见，绝大多数老年人处于平均值以下，收入右偏态分布明显。两个年份各收入群体的总消费以及各分项消费见表 4－4。收入越高，老年消费水平也越高，且在各分项上的消费优势明显。2011 年数据显示，高收入者的总消费支出为 4816 元，其中，食品消费、衣物消费、基本服务消费以及文娱消费分别为 3133 元、431 元、896 元、356 元；低收入者的总消费支出为 3285 元，各分项消费分别为 2211 元、342 元、594 元、138 元。2013 年数据显示，高收入者的总消费支出为 5637 元，各分项消费分别为 3840 元、482元、772 元、543 元；低收入者的总消费支出为 3549 元，各分项消费分别为 2328 元、312 元、554 元、356 元。

表 4-4　　　　　　分时点、分收入的消费分布　　　　单位：元

年份	收入分组	总消费	食品消费	衣物消费	基本服务消费	文娱消费
2011	高收入	4816	3133	431	896	356
	低收入	3285	2211	342	594	138
2013	高收入	5637	3840	482	772	543
	低收入	3549	2328	312	554	356

资料来源：根据中国健康与养老追踪调查（CHARLS）数据整理而得。

4.2.1　高低收入群体的收入不确定性与消费水平的关系

低收入者较少受收入波动的影响，高收入者受收入不确定以及波动因素的影响较大，且在 2011 年尤为明显。转移收入对数的组内方差以及代际收入对数的组内方差均降低了低收入老年人的消费水平，降低的幅度分别为 0.022 和 0.006。这种抑制作用主要体现在衣物消费，对基本服务消费、文娱消费等并不具有显著影响。但对于高收入者而言，代际收入对数的组内方差不仅降低了总体的消费水平，同时也抑制了各类分项消费，且在基本服务消费、文娱消费上的抑制作用最为明显。例如，转移收入对数的组内方差以及代际收入对数的组内方差每增加 1 个单位，老年人总的消费水平分别降低 0.032 和 0.010。就收入波动类指标来看，无论在哪个调查年度，低收入者的消费水平都具有较强的稳定性，受收入波动因素的影响较小，即收入的波动对低收入者的消费水平影响较小，除了代际收入波动对总消费以及食品消费、基本服务消费存在显著影响外，其余各类收入波动与消费水平之间并不存在显著关系。就高收入者而言，各类消费水平受收入波

动的影响较为显著，但这种显著关系突出体现在基本服务消费和文娱消费上。无论对于低收入还是高收入者而言，食品消费均具有很强的稳定性，受外在风险波动和不确定性因素的影响小。但是，不同收入家庭的高层次的服务性消费以及文娱消费受不确定性影响则存在较大差异，即低收入家庭受收入波动的影响小，高收入家庭受收入波动影响大。

低收入家庭的老年人受支出波动的影响大，高收入者受支出不确定影响虽然相对较小，但仍然受到了不确定因素的抑制。对低收入家庭老年人的消费分析可知，2011 年和 2013 年的数据分析均显示，患有慢性病者的总消费以及各类分项消费显著低于未患病者；高医疗支付概率越高，老年人消费水平越低，且在总消费以及休闲性消费上具有显著影响。随机医疗波动反映了医疗支出的波动情况，医疗波动越大，老年人不仅总的消费水平越低，文娱消费水平也越低。对于高收入家庭老年人而言，不同的自评健康者之间并不存在消费的显著优劣势，高收入家庭的自评不健康者的消费水平并不显著低于自评健康者，甚至在某些消费类别上显著高于自评健康者；慢性病患者的消费水平低于非患病者，但却并不具有统计上的显著意义；高医疗支出概率并没有成为抑制高收入家庭老年人消费的关键之一，尽管 2011 年的总消费以及文化消费、2013 年的总消费与高医疗支付概率呈现负向相关关系，但 2011 年的文化消费、2013 年的食品消费却与该医疗支出呈现正向相关关系；高收入家庭的医疗支出波动与各类消费水平呈现相对较为复杂关系，医疗支出波动与总消费呈现负向相关关系，但却并不具有统计上的显著性；同时，医疗支出波动与衣物消费（2011 年）负向相关，与文娱消费（2013 年）正向相关。高收入家庭具有较强的应对支出风险的能力，尽管疾病风险对个人或家庭带来的潜在风险较高，但老年人通过家庭经济优势，在应对支出风险的同时，集中资源进行个人需求的消费。就不同收入等级来说，高收入者消费水平受支出不确定性因素的影响相对较小，但低收入者消费水平受支出不确定性因素的抑制作用较为明显，且这种抑制作用在文娱消费上尤为明显。

4.2.2　不同收入老年人的消费特征

低收入家庭老年人的消费处于"低位单一稳定"，高收入家庭老年人的消费处于"高位层次波动"。通过各类收入、风险性支出与不同收入者的消费水平之间的关系可知，高收入老年人的消费易受到收入波动的影响，且收入波动程度越大，消费水平受到的抑制程度越大；低收入老年人的消费更易受到支出风险的影响，且支出风险越大，低收入老年人的消费水平越低，且对高层次的文娱消费的抑制作用最为明显。

无论是跨期消费还是当期消费研究，均逃不开对收入与消费关系的探讨。已有研究证实，收入水平越高，边际消费倾向越高，相应地，高收入者的消费水平毫无疑问高于低收入者。故当面临较大的收入波动时，高收入老年人对收入风险敏感，消费水平更易受影响。当老年人收入偏低，消费处于较低水平，所偏好的物质多为基础性消费，即使面临收入波动风险，基础消费需求仍然呈现强的稳定性。支出风险对高收入老年人的消费影响较小，但对低收入老年人存在显著的消费抑制。低收入老年人的经济实力较弱，消费仅维持在"低位"状态，当日常消费之外的支出风险增加，必将压缩已有的稳定消费支出。高收入老年人所拥有的收入优势使其具有较强的应对支出风险的能力，即使支出风险转变为实际的支出，也能在确保有效消费的同时进行其他风险的应对。就具体的消费类别来看，不确定性因素对不同收入等级老年人消费的影响突出体现在文娱消费上，基础性食品消费受不确定性影响的方式在不同收入等级之间并不存在太大差异。这一定程度上说明，收支波动对高消费群体的负向影响较为明显，而对低收入群体的消费决策影响甚微。因此，高收入老年人消费行为受收入不确定的影响而处于"高位波动"状态，低收入老年人则处于"低位稳定"状态。

4.3　城乡老年人的消费特征

城市老年人的消费水平远高于农村老年人，且在总消费和各分项消费上均具有高度一致性（见表4-5）。2011年，城市老年人的总消费为5219元，食品消费、衣物消费、基本服务消费、文娱消费分别为3438元、459元、979元、343元；农村老年人的总消费为2762元，各分项消费分别为1854元、308元、488元、111元。城市老年人在总消费以及各分项消费上比农村老年人分别高出2458元、1584元、151元、491元、233元。2013年，城市老年人的总消费为5554元，各分项消费分别为3727元、467元、1026元、335元；农村老年人的总消费为3169元，各分项消费分别为2184元、297元、562元、126元。两者之间的差距分别为2385元、1543元、170元、463元、209元。

表4-5　　　　　　　　　　城乡与消费水平　　　　　　　　单位：元

年份	地区	总消费	食品消费	衣物消费	基本服务消费	文娱消费
2011	农村	2762	1854	308	488	111
	城市	5219	3438	459	979	343
2013	农村	3169	2184	297	562	126
	城市	5554	3727	467	1026	335

资料来源：根据中国健康与养老追踪调查（CHARLS）数据整理而得。

就消费结构来看，城乡老年人均以食品消费为主，以文娱消费为辅（见表 4 – 6）。老年人的食品消费在两个年度分别接近 7成，占总消费的一半以上。具体而言，农村老年人在两个调查年度的食品消费占比、衣物消费占比、基本服务消费占比、文娱消费占比分别为 67.1%、11.2%、17.7%、4.0%；68.9%、9.4%、17.7%、4.0%。城镇老年人则分别为 65.9%、8.8%、18.8%、6.6%；67.1%、8.4%、18.5%、6.0%。就城乡之间的差异来看，农村老年人的食品消费高于城市老年人，但文娱消费则显著低于城市老年人。

表 4 – 6		城乡与消费结构			单位：%
年份	地区	食品消费占比	衣物消费占比	基本服务消费占比	文娱消费占比
2011	农村	67.1	11.2	17.7	4.0
	城镇	65.9	8.8	18.8	6.6
2013	农村	68.9	9.4	17.7	4.0
	城镇	67.1	8.4	18.5	6.0

资料来源：根据中国健康与养老追踪调查（CHARLS）数据整理而得。

4.3.1　城乡老年人消费水平与收入波动

由于消费水平的偏态分布，接下来的分析中依然采用的是消费水平的对数值，进而以总消费为代表分析消费与收入波动之间的关系。

4.3.1.1　城乡老年人消费水平与收入对数的组内方差关系

收入对数的组内方差越大，消费水平越低；城市老年人消费水平随收入对数的组内方差下降的幅度大于农村老年人。老年人消费水平与收入对数的组内方差呈现负向相关关系，且在城乡之间、两个年度之间均具有相同趋势（见图 4 – 6 和图 4 – 7）。相对城市地区而言，农村地区老年人的消费水平受收入波动的影响小，且城乡老年人的消费差距随着收入对数的组内方差的增大而不断缩小，这一特征在转移收入对数的组内方差上甚为明显。例如，就转移收入的组内对数方差来看，城镇地区的消费优势随收入对数的组内方差增大而不断消失，并在组内方差增至一定程度后两者之间的消费相对优劣势发生了逆转。

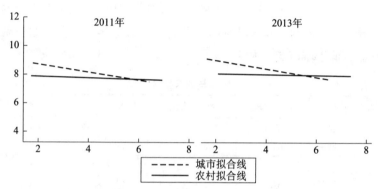

图4-6　分时点、分城乡消费水平与组内转移收入对数方差

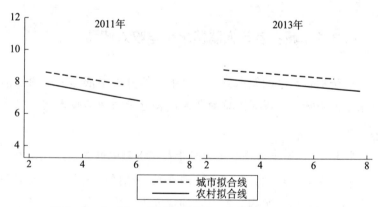

图4-7　分时点、分城乡消费水平与代际收入对数方差

4.3.1.2　城乡老人消费水平与收入随机波动关系

收入不确定性的负向良好性程度越大，城乡老年人的消费水平越高，这一趋势在三类收入波动性指标上均呈现一致性（见图 4-8、图 4-9 和图 4-10）。从消费水平与收入波动之间所模拟的曲线来看，城乡老年人的消费水平随着代际收入波动而变动的趋势具有较大的相似性，城市老年人劳动收入波动带来的消费水平更高，而农村老年人的消费水平受转移收入波动的促进作用更明显。对于农村老年人而言，转移收入的保障更为可靠，这一定程度上凸显了老年人对更高层次养老保障的期待。

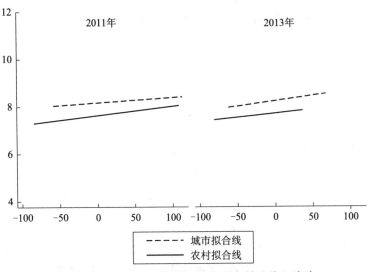

图 4-8　分时点、分城乡消费水平与转移收入波动

4.3.2　城乡老年人的消费特征

结合城乡、消费水平以及收入随机波动之间关系来看，中国老年人消费呈现出以下消费特征。

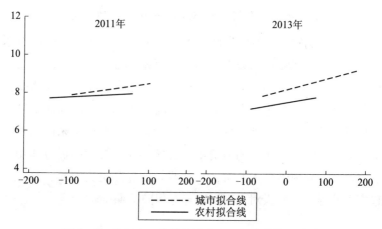

图4-9 分时点、分城乡消费水平与劳动收入波动

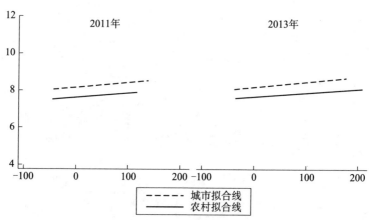

图4-10 分时点、分城乡消费水平与代际收入波动

（1）城市老年人属于"行动者"，呈现出风险偏好消费；农村老年人属于"计划者"，呈现出谨慎消费。行为生命周期理论界定了"计划者"和"行动者"两种角色，"行动者"更倾向于享受眼前的欢乐，追求片刻的享受而忽视对未来更长期的规划；"计划者"倾向于对未来更长期的规划，并将现在财富、物质、

资源等与现在、未来相结合，从而有效安排更长期的经济活动以实现效用最大化。通过探讨城乡老年人消费特征，发现城市老年人的消费水平偏高，显著高于农村老年人；同时，城市老年人的消费曲线波动较为平稳，随健康风险、医疗风险变动的幅度小。这说明，城市老年人的消费行为属于一定的"风险偏好"，即使存在风险性因素前提，消费水平仍然呈现出稳定的特征。农村老年人的消费水平随正向的转移收入变动而增高，随负向的支出风险而降低，增减幅度甚是明显，且风险的存在导致了消费水平的下降。这也似乎证明，农村老年人对风险的感知强于城市老年人，其消费行为也更为谨慎，一旦感知外在风险性的程度增加或降低，即刻调整个人的消费行为以应对收入或支出的变动。

（2）城市老年人消费更具自主式保障，而农村老年人消费则具有明显的外向依赖性。农村老年人消费增长依赖于家庭代际支持，而劳动收入与养老金支持对城市老年人消费水平的促进作用更大。代际支持在促进农村老年人消费上起着积极作用，代际支持的上升带来农村老年人消费水平的显著提高。而代际支持在人口流迁以及少子化的当下，成为老年人家庭支持面临的最大财务风险，一定程度上影响了农村老年人的消费预期。虽然代际支持有效促进老年人消费水平的提高，但在实际应对支出风险的过程中，农村老年人的消费谨慎以及不敢消费表现得异常显现。与农村老年人所不同的是，劳动收入和养老金正向促进城市老年人消费水平，即通过劳动收入以及养老保障金可以较好地实现消费水平。特别是养老保障金具有较强的稳定性，不需要通过子女或家庭的外在支持力量即可以获取，并构成有效消费的重要购买力。

（3）城乡对消费水平的影响强于收支风险，农村老年人的消费水平呈现绝对劣势。城市老年人无论在总消费还是分项消费上都比农村老年人拥有绝对优势，而在城市老年人或农村老年人内部，不同购买力因素下的消费状况之间略有差异，即消费水平在城乡老年人之间波动明显，且高位值与低位值之间的差距也远小于城乡老年人之间的差异。这一结果符合中国一直以来的城乡二元分治特点，农村地区的社会保障制度建设长期落后于城市地区。城乡差异折射出的是制度安排的非公平性，制度的非公允成为农村社会弱势的关键源头，个体层次的努力难以跨越与填补。不确定性因素的源头可能是经济制度、家庭、个人，也有可能是外在的自然环境，通过个人对其影响的感知而影响经济行为的决策。从这个层面来看，不确定性因素是可以通过个人或家庭的调整而将其按照预期的轨道进行控制，是属于个人层面的因素。城乡二元的制度结构作为宏观的制度安排，对消费行为的影响显然大于其他因素的影响，这也反映出，制度因素对个体消费行为的影响凌驾于其他因素之上。城市地区的社会保障制度建设完善，制度的保护作用能够为城市老年人的风险消费"兜底"，在同样程度的风险因素下，社会保障的保护机制会适当减弱风险对城市老年人的冲击，从而呈现出稳定的不受外在波动因素影响的消费行为。与城市地区相反的是，农村地区社会保障长期匮乏，农村老年人既不具有年轻人的身体资本，也不具有城市老年人的制度便利，因而其消费行为受外在波动因素的影响甚为敏感。城乡老年人不同的消费特征背后，折射出制度的不公以及资源的非均等分配。本部分也存在着一些不足：一是没有进一步分析城乡老年人不同类型消费水平的差异；二是消费是一项复杂的活动，本部分仅围绕衡量购买力的收支因素探究了老年人消费行为的作用机制。在未来的研究中，消费习惯以及更为细致的群体特征差异，需要进一步加以分析。

4.4 本章小结

随着老龄化的持续推进，老年人口相对比重越来越大。摸清老年人消费现实、掌握不同群体消费行为的差别，对中国经济社会发展，特别是对未来养老产业建设将产生重要影响。本部分利用调查数据，结合年龄、城乡、消费水平以及收入与支出之间关系发现，中国城乡老年人消费呈现出以下消费特征。

（1）不同年龄老年人呈现"高龄平稳、低龄波动"的消费特征。高龄老年人消费以食品消费、衣物消费为主，文娱消费为辅，且文娱消费极低。高龄老年人的消费水平受外在不确定因素，尤其是受支出不确定性影响的幅度略低于低龄老年人，消费水平呈现平稳态势。低龄老年人的消费水平更高、消费结构更丰富，且在文娱消费上具有明显优势。然而，尽管低龄老年人尚存的人力资本使其更具消费水平和消费结构上的优势，但与高龄老年人相比，他们的消费水平受不确定性因素，尤其是受健康风险、医疗波动等支出不确定性的影响更大。低龄老年人既有对未来更长时期的安排与规划风险，也有当前的不可控的风险因素；高龄老年人更接近生命的谢幕期，对于未来的不确定性预期显然小于低龄老年人。

（2）低收入家庭老年人的消费处于"低位单一稳定"，高收入老年人的消费处于"高位层次波动"。高收入老年人的消费水平高、消费结构多元，消费水平易受到收入波动的影响，且收入的不确定预期状态越大、消费水平受到的抑制程度也越大。低收入者的消费水平低，消费结构更单一，消费水平更易受到支出风险的影响，且医疗支出概率越大、消费水平越低，在文娱消费上受到的抑制更为明显。当面临较大的收入波动时，高收入老年人对收入风险更敏感，其消费水平受到的影响高于低收入老年人。低收入老年人收入偏低，消费决策更偏向于基础性消费，即使面临较大的收入波动风险，其基础消费水平也难以发生大幅度波动。

（3）城乡差分对消费的影响大于收支扰动因素，农村老年人消费水平处于绝对劣势。城市老年人呈现出风险迟钝型消费，农村老年人为谨慎型消费。城市老年人无论在总消费还是分项消费上都比农村老年人拥有绝对优势，这源于农村地区整体的收入水平长期偏低、社会保障制度建设长期滞后等现实。城市老年人的消费水平显著高于农村老年人，且消费曲线波动较为平稳，随健康风险、医疗风险变动的幅度小。这说明，城市老年人的消费行为存在一定的"风险迟钝"，即使存在不确定性因素，尤其是支出风险的前提，其消费水平仍然呈现稳定的特征，而农村老年人的消费水平随支出风险降低的幅度甚是明显。两群体之间的差异说明，农村老年人对风险的敏感度强于城市老年人，其消费行为更为谨慎，一旦感知外在不确定性的程度增加或降低，即刻调整个人的消费行为以应对收入或支出的变动。这一差异的根源在于城乡迥然相异的社会保障制度，在同样程度的风险因素下，社会保障的保护机制会适当减弱风险对城市老年人的冲击，从而使其呈现出稳定的较少受外在波动影响的消费决策与行为。

随着时代推移，老年群体消费受外在波动因素的影响略有降低。通过对比 2011 年与 2013 年的分析结果可知，2011 年随收入、年龄等因素变动的消费指标在 2013 年变得更为平稳。由此可知，随着社会发展以及国家各类保障性福利政策越来越完善，老年群体的风险抵御能力也相应越来越强。例如，无论是城镇居民养老保险还是农村居民养老保险，不仅实现了"广覆盖"，且保障程度越来越高，不断强化居民积极的心理预期，对于未来有了"远见"而极大程度上消减了"近忧"。因此，良好的国家发展形势以及制度环境消除了整体宏观形势的不确定性，并整体提高了居民抵御不确定性的能力。

第 5 章　健康风险与老年消费

老化是生命机体逐渐衰老并走向终结的动态过程，表现为躯体功能的生理性衰老与病理性衰老，对应的显现特征则是身体机能退化、行动能力不足，并伴随老年疾病、健康隐患的增加。不同于其他年龄群体，老年人的收入来源有限，对医疗支付的敏感程度高，基于疾病风险以及相应的支出预期对老年活动及行为决策产生的影响更大。从生理性因素出发，疾病、健康成本将是老年风险性感知的重要来源，负向作用于老年人的心理预期而成为影响消费的关键。本章将围绕凸显老年生理性的疾病特征，着重从健康风险、医疗支付等出发探讨老年消费行为。

5.1　问题缘起

人口老龄化是 21 世纪世界性的社会事件，其带来的挑战已渗透到社会经济的各个领域，消费即为其中之一（乐昕，2015）。消费作为生存权利、物质生活资料享有权利的基本表现形式，是居民福利的核心部分。社会经济发展带来居民整体消费大幅增长，但老年人消费未呈现出同样增长幅度（刘超、卢泰宏，2015），且消费结构单一（乐昕，2016），处于以食品、医疗支出为绝对消费主体状态（人民网，2013）。基于生命周期，65 岁及以上老年人发生的医疗费用占了一生中总医疗支出的 80% 以上（封进、余央央、楼平易，2015）。如此庞大且集中的医疗支出，是否影响老年人生活质量？

凯恩斯消费理论论证了消费与收入之间的正相关关系，收入水平越高，消费也相应越高。随着研究推进，学界对不确定性因素下的消费制约行为进行了集中论述，证明存在收入风险、支出风险的情况下，行为主体将增加储蓄、减少消费以应对未来可能陷入的风险困境。收入来源单一、健康风险高、难以通过提前借贷而维持当前消费，这均是老年期特定的不确定性预期因素。老化是生命机体逐渐衰老的动态过程，最直接地表现为生物机体衰老，对应的显现特征是身体机能退化，并伴随疾病、健康隐患的增加以及行动能力的弱化。老年健康风险也相应成为老年人的支出不确定性因素，并负向作用于老年心理预期而影响消费活动。因此，伴随生理性老化的健康疾病风险成为不确定性支出预期的重要来源；与支出伴随而生的收入不确定性预期，也将成为影响老年人行为选择的重要因素。据此，本章基于生理性老化特征以及消费的不确定性预期理论，重点围绕老年人的生理性的健康风险与医疗成本，展开对老年人消费水平与消费结构的研究，以期寻求降低老年人不确定支出风险、促进老年人消费水平、优化消费结构的对策建议。

5.2　文献评述

随着机体功能不断衰退，与健康风险伴随而生的医疗消费成为老年群体不可避免的支出（Yogo，2016；Palumbo，1999）。社会经济发展有效促进预期寿命的延长，长寿一方面凸显了个体生命周期延长、死亡风险降低的优势，另一方面伴随长寿出现的医疗支出风险是影响老年群体消费决策的重要负向因素（Nardi，French & Jones，2006）。不同于传统生命周期假说的设定，无论个体在年轻时的储蓄或收入多与少，老年阶段都会适度降低消费水平、减缓财富或收入下降的速度，而这一特征是由老年群体面临未来更长期不确定性以及相伴随的医疗支出不确定性所决定的（Martin & Crossley，2001）。

收入一直是各类消费理论探讨的最根本的变量。无论是凯恩斯的绝对收入理论，还是 PIH/LCH 假说以及预防性储蓄理论，都以收入为核心解释变量。预防性储蓄理论在传统消费理论的基础上加入了不确定性因素，但分析的主题仍然是收入，即收入不确定性的存在对消费主体消费行为的影响。收入来源单一、收入不稳定等亦是制约老年消费的重要因素（杨红娟，2018；杨成钢、石贝贝，2017）。对少有退休金的老年人而言，子女提供的代际支持是其获取基础性食品消费的根本保障（刘滨、杨国强，2012）。对家庭而言，老年人口占比也是影响消费决策的重要变量，老年人口占比越大，家庭患病人数占比的风险越大，家庭消费受抑制的状态越明显，但这种抑制效应在社会保障制度所带来的积极心理预期下而得到一定缓解（丁继红、应美玲、杜在超，2013）。老年负担系数高的家庭（如多代同堂、老年夫妻家庭等）的"消费阶层"明显低于年轻型家庭（年轻夫妻或年轻夫妻及其子女），前者因非预期支付增多导致消费需求不高，并以节俭、单一、求实为主要消费特征（李培林、张翼，2000）。家庭老龄率与贫困、自评健康之间互构互建：贫困降低了居民的自我健康感知，而基本的食品消费不足是贫困损害个体健康的作用机制。

将老年人与年轻人对贫困的感知进行比较后进一步发现，老年人缺乏对风险应对的有效能力而更易受到健康损害（贾海彦、王震，2017）。

不难发现，导致居民消费下降的核心因素在于预期支出增强，医疗支出、子女教育、婚嫁丧娶以及社会保障制度不完善等，抑制了居民消费水平的提高（刘建平，2015）。退休后的收入变化一定程度也导致退休—消费难题的出现，老年人退休后的生活质量往往低于退休前（石贝贝，2017；Banks，Blundell & Tanner，1998）。退休老年群体的消费行为被医疗支出的不确定性所有效解释，医疗支出构成该群体进行预防性储蓄行为的关键动机（Palumbo，1999）。究其原因，老年医疗风险、养老压力等强化了家庭或个人的不确定性预期，从而导致消费的负向变动（丁继红、应美玲、杜在超，2013；陆杰华、王馨雨，2018；樊颖、张晓营、杨赞，2015；张兵、王翌秋、许景婷，2008）。

在具体的支出风险及其与消费行为的研究中，芬博格、斯金纳（Feenberg & Skinner，1994）直接利用大病医疗支出额度衡量老年群体面临的支出不确定性。帕伦博（Palumbo，1999）在分析老年医疗支出不确定性与消费关系时，利用个人的受教育程度、身体健康状况、当期发生的医疗支付额度、家庭成员特征等因素构建了医疗支付的函数，并以此作为支出风险的测量指标。罗楚亮（2004）借鉴了帕伦博的做法，以年龄、健康状况、收入以及医疗保险等构建了医疗支出的函数，由此得到预测的医疗支出，并将其与实际支出的差额作为医疗支出不确定性的度量指标。田青、高铁梅（2009）在对宏观数据的分析中，用医疗保健支出占居民可支配收入的比重来衡量支出不确定性。丁继红等（2013）利用"过去一个月家庭中生病人数占总人数的比"来测度健康风险，并分析了其对家庭消费的影响。何兴强、史卫（2014）用三个层次的变量来测定健康风险：一是户主对自己身体健康与否的主观评价；二是其他家庭成员感觉不健康的占比；三是家庭中老年人的占比。此外，李实和约翰·奈特（John Knight，2002）、刘灵芝等（2015）等也分别用子女教育支出以及住房支出等来衡量个体或家庭所面临的支出风险性因素，以此探讨影响消费支出的重要原因。

消费理论经过长时期的发展已形成了完善的理论范式，特别是不确定性和预期储蓄思想的引入，为消费行为的解释增添了新活力。在我国，老年人成长于物质极其匮乏的年代，经历三年困难时期等社会变迁，对风险的感知呈现独特的时代烙印。在预期储蓄思想和不确定性消费理论的指导下，可以更好地理解经历过特殊社会变迁的个体的消费行为与特点。本部分基于老年生命特征，将老年期面临的健康风险与消费决策相结合，考虑健康风险带来的不确定预期对消费行为的影响。关于健康、医疗与消费关系的探讨已取得一定进展，但以下问题尚待进一步厘清：其一，并非所有的医疗支出均会对消费者的行为决策产生影响，只有当所支付的医疗费用达到一定程度后才会对心理预期产生明显冲击。故在已有研究基础上，采用赫克曼（Heckman）两阶段模型检验生成高医疗支付概率变量，以明晰高医疗支付风险对消费行为的影响。其二，消费具有不同的类型和功能性质，除了绝对的消费支出，也包含相对的消费结构。医疗风险对老年消费水平和消费结构的影响是否一致？在对总的消费支出进行探讨的基础上，亦区分了食品消费、衣物消费、服务消费、文娱消费等具体的消费类别，以检验医疗风险与消费水平、消费结构之间的关系。

5.3　数据资料与计量模型

5.3.1　样本选择

本章采用 2015 年中国健康与养老追踪调查数据（CHARLS）。按照前文所界定的老年人标准与研究目的，本部分选取了年龄在 60 岁及以上的老年人样本。剔除缺失样本后，老年人共 8539 人。

5.3.2　变量定义与操作

5.3.2.1　因变量及其定义

因变量消费水平与消费结构的测度与第 4 章测量保持一致，此处不再赘述。简要介绍见表 5 - 1。根据数据分析结果，老年人年总消费支出 4128 元，其中，食品消费为 2804 元，衣物消费、服务消费、文娱消费分别为 365 元、748 元、210 元。可见，老年人食品消费为绝对支出主体，而在基础消费之上的发展性消费劣势明显。

表 5 - 1　　　　　　　　　　因变量及其定义

因变量	变量定义
消费水平	绝对的"高""低"
消费总水平（四个分项和）	连续变量，如没有消费，则取最小值 0
食品消费	连续变量，如没有消费，则取最小值 0
衣物消费	连续变量，如没有消费，则取最小值 0
服务消费（水电/物业、市内交通等）	连续变量，如没有消费，则取最小值 0
文娱消费	连续变量，如没有消费，则取最小值 0

因变量	变量定义
消费结构	相对的"丰富""单一"
食品消费/总消费	连续变量，取值为 0~1
衣物消费/总消费	连续变量，取值为 0~1
服务消费/总消费	连续变量，取值为 0~1
文娱消费/总消费	连续变量，取值为 0~1

5.3.2.2　自变量及其定义

本书自变量为医疗风险，通过高医疗支付概率和是否患有慢性病来测量。首先，高医疗支付概率。对于经济活动个体而言，并非任意的医疗支付皆会对消费决策产生影响，只有当支付额度达到一定程度后才会对个体的心理预期产生冲击并决定行为选择（罗楚亮，2005）。高医疗支出是比医疗费用更有效的测量指标。为了对高医疗支付概率变量进行测度，在已有实际医疗数据的基础上生成一个两分类虚拟变量，即是否发生了高医疗支出。结合数据的分布以及平均医疗支付水平，将自付的年医疗费用在 1000 元及以下的样本作为低医疗患者，将医疗费用在 1000 元以上的样本作为高医疗患者。结果显示，平均医疗支出为 2035 元，高医疗支出占比 39.13%。值得注意的是，医疗支付具有强的自选择性，家庭贫困者、老年患者以及健康风险偏好者等可能具有医疗逃避倾向，存在不及时就医甚至主动忽视就医需求的行为，从而造成少有医疗支付或无任何医疗。为了对上述自选择性进行检验，利用 Heckman 两阶段模型，首先，检验个体是否发生了医疗支出并划分高低医疗支付，然后对高医疗支出进行概率估计。由于没有发生任何医疗支付的样本占比少，故将医疗花费在 250 元以下的样本也作为未发生任何医疗支付行为的样本，对应的占比为 22.12%。样本的逆 milla 比率通过显著性检验，样本存在较明显的自选择性。其次，慢性病。慢性疾病是老年期常见的疾病，具有周期长、难以治愈等特征，也是老年人重要的医疗花费来源。将慢性病作为影响其他稳定性日常消费的指标以测量潜在的医疗支出风险，具有重要的现实意义。根据研究目的，将慢性病操作为二分类变量，只要患有任一种慢性疾病，即将其界定为"1"；若没有任何疾病，则为"0"。经测量，慢性病患者占比为42.36%，即超一半以上的老年人处于健康良好状态。

5.3.2.3　控制变量及其定义

根据已有研究和数据可及性，老年人消费行为受到人口学特征、社会经济地位、家庭特征、消费倾向等因素影响（见表5-2）。一是人口学特征，包括年龄、性别、受教育程度。年龄处理为连续变量，样本的平均年龄为68岁。受教育程度三分类处理，依次为高中及以上、初中或中专、小学或文盲。被访者整体受教育程度偏低，其中小学及以下者超过一半，而高中及以上人数占比仅约为5.72%。性别二分类处理，以女性为参照，其中男性占比49.26%，女性占比为50.74%。二是社会经济地位，包括行业以及经济特征。由于被访者年龄偏大，且多处于离退休状态，若被访者处于退休或不在业状态，将采用退休前的行业性质。行业处理为虚拟变量纳入模型，包括商业服务业、农林畜牧业经营、制造业、运输等社会服务行业或其他四个类别，分别占比42.45%、31.43%、26.12%、6.19%。经济特征通过转移收入、劳动收入以及代际支持来体现。转移收入为各类养老金补贴，也包括少量商业养老保险，以及发挥同样养老保障的五保、低保、独生子女养老补贴收入等。劳动收入为老年人个体的劳动收入，代际支持为非同住子女提供的各类经济支持。三类收入均作为连续变量纳入分析，对应的平均值分别为2523元、5206元、2853元。劳动收入为老年人主要收入来源，远高于其他收入。需要说明的是，转移收入的中位数在 700 元附近波动，即绝大部分人的转移收入在千元以下，仅少数人拥有较高额度的保障，只有近 1% 的样本保费收入在 5 万元以上。三是家庭特征，包括居住方式、子女数。居住方式处理为三分类虚拟变量，1 为独居或与配偶单独居住，2 为与子女（包含孙子女）共同居住，3 为仅与孙子女居住或是与其他人居住，分别占比 42.72%、44.38%、12.9%。随着人口流迁以及现代化的渗透，越来越多的老年人倾向于独居或者仅与配偶单独居住，但核心家庭共同居住仍然是社会重要的居住方式，且仅与孙子女同住的隔代居住也成为一种较为常见的方式。子女数处理为连续变量，家户的平均子女数为 3.72 个。成年子女数量以及子女结构并非直接对老年人的消费活动给予物质保障，却是潜在代际资源的重要代理测量；在养儿防老传统观念盛行以及家庭赡养功能浓厚的农村地区，老年人子女数越多且儿子数越多，对老年人的资源支持更有利。四是城乡。城乡作为二分类变量纳入模型，并以农村为参照，其中，城市样本占比 59.79%，农村样本占比 40.21%。五是补充医疗保险。由单位或个人根据需求和可能原则而适当增加的医疗保险项目，以提高保险保障水平（董克用、郭珉江、赵斌，2019），是风险不确定性负向良好性指标。补充性医疗保险处理为二分类变量，其中享有补充医疗保险的样本仅占比 10.78%，即接近九成的老年人并未纳入补充性医疗保险中。六是消费倾向。受数据限制，本部分将社区作为消费倾向的代理变量。社区所代表的居住环境一定程度反映了聚集居民的消费实力，在此基础上形成的消费惯习和消费水平具有一定的相似性，因而将社区作为影响个体或家庭消费抉择的影响因素之一。在后面的分析中，基于社区的群体效应，将其作为消费分层的重要依据。

表 5 - 2　　　　　　　　　控制变量操作与定义

变量名称	变量定义
性别	分类变量，1 = 男性，0 = 女性
年龄	连续变量
受教育程度	分类变量，1 = 高中及以上，2 = 初中或中专，3 = 小学或文盲
所属行业	分类变量，1 = 农林畜牧业经营，2 = 商业服务业，3 = 制造业，4 = 运输等社会服务行业或其他
居住方式	分类变量，1 = 独居或与配偶居住；2 = 与子女（孙）居住；3 = 与孙子女或其他人居住
代际支持	连续变量，对数化处理
转移收入	连续变量，对数化处理
劳动收入	连续变量，对数化处理
子女数	连续变量
城乡	分类变量，1 = 城市；0 = 农村
所在社区	分类变量，根据调查社区进行划分
补充医疗保险	分类变量，1 = 享有；0 = 不享有

5.3.3　分析方法

本节对于定量数据的处理，将采用描述性分析以及模型分析。描述性分析主要是对样本基本情况、各变量的分布以及两变量之间的相互关系进行分析。在描述分析中，主要采用单变量频数、比例以及均值等分析。由于本因变量为连续性变量，且考虑到社区层次的影响，故对多层模型的效果进行了检验，以期寻找出最效率的回归模型。根据模型拟合效果，五类消费水平指标采用的是多层线性随机截距模型（hierarchical linear model，HLM）。以两层线性模型为分析基础，第一层模型包括个体、家庭等特征变量，第二层模型包括社区特征变量。多层线性随机截距模型的具体设定如下。

（1）无条件平均模型。无条件平均模型是多层线性模型分析的起点，在层1和层2中均不加入任何解释变量，利用方差分析，计算内部相关系数（ICC），探究消费支出是否随社区的不同而存在变化。

$$层 1\ 模型：y_{ij} = \beta_{0j} + e_{ij}$$

$$层 2\ 模型：y_{ij} = \gamma_{00} + \mu_0$$

其中，Y_{ij}代表居住 j 社区 i 个体的消费支出，β_{0j}代表截距（即平均值），e_{ij}表示个体消费与所处社区下个体平均消费之差，是个体层面的随机误差；γ_{00}为各社区成员消费的总体平均数；μ_0 为某社区与个体消费平均数之差。

（2）随机效应模型。在无条件平均模型的基础上，在层1模型中加入自变量和控制变量，形成随机效应模型。随机效应模型用于分析第一层自变量对总的消费水平的影响，以及第一层模型的斜率和截距是否存在第二层变异：

$$Y_{ci} = \beta_0 + \beta_1 \ln y_{fi} + X_i + r$$

体现消费结构的四类指标并不受社区层次单位的影响，故采用普通的 OLS 多元线性回归模型。

5.4　分析结果

5.4.1　医疗风险与消费水平

5.4.1.1　无条件平均模型结果

根据无条件平均模型输出结果可知，消费水平因社区和个体两个层次的变量而相异（见表 5 – 3）。就总消费来看，其在社区层次的变异值 τ_0^2 为 0.378，且具有显著性意义，说明同一社区中的消费水平具有相似性。这也预示着，本部分纳入社区高层变量、采用多层分析模型具有一定的合理性。此时，社区间关联度系数 $\rho = \tau_0^2 / (\tau_0^2 + \sigma_0^2)$ 为 0.287，表明总消费中 28.7% 的变异来自社区之间，食品、衣物、基本服务、文娱消费等各类别消费的变异来自社区的部分分别为 0.228、0.241、0.231、0.289。在后面的随机截距模型部分，进一步对低层的个体差异因素进行了探讨与分析。

表 5 – 3　　　　　　各类消费无条件平均模型分析结果

参数	总消费系数	食品消费系数	衣物消费系数	服务消费系数	文娱消费系数
截距	9.236 ***	8.424 ***	4.941 ***	6.989 ***	1.674 ***
随机效果					
社区之间变异（群间变异 τ_0^2）	0.378 ***	0.587 ***	0.890 ***	0.433 ***	1.055 ***
个体之间变异（群内变异 σ_0^2）	0.942 ***	1.984 ***	2.800 ***	1.441 ***	2.599 ***
群间关联系数（ρ）	0.287	0.228	0.241	0.231	0.289
社区样本量	431				
个体样本量	8539				

注：*** 表示在 0.001 的水平上显著。

5.4.1.2　随机截距模型

高医疗支付概率越大，总消费水平越低，且在衣物消费、服务消费以及文娱消费上具有显著负向关系（见表 5 – 4）。高医疗支付概率每增加 1 个单位，总消费的对数降低 1.395，食品消费、衣物消费、服务消费、文娱消费分别降低 1.613、0.148、0.652、

2. 267、0. 517。高医疗支付强化了个体的不确定性预期，从而消极作用于个体的消费决策并导致消费水平的降低。慢性病患者的总消费水平显著低于非患病者，衣物消费、文娱消费也呈现相同特征。相对比未患病者，慢性病患者的总消费、衣服消费、服务消费以及文娱消费的对数分别降低 0. 181、0. 355、0. 263、0. 181，且均具有统计学显著性。是否患有慢性病并非直接反映实际医疗支出，而是老年人基于身体健康状况对未来潜在支出所做出的判断，并形成相应的消费决策。无论是老年人的躯体健康还是心理健康，健康状况越差，未来发生医疗支付行为的概率越高，产生的支出风险也越大，从而压缩个体对其他类消费的心理账户资金，导致日常消费水平的降低。需要注意的是，与其他类别消费所不同的是，食品消费与高医疗概率、是否患有慢性病等健康风险之间无显著相关关系。食品类消费属于维系日常生活最基本的消费部分，受健康风险等支出因素影响小，属于缺乏弹性类消费品。衣物消费、服务消费以及文娱消费则受健康风险因素的影响而呈现明显的下降趋势，特别是文娱消费受高医疗支付概率与患慢性病的制约作用最大。作为高层次的文娱消费，本身含有奢侈消费的含义，相比较食品、衣物等其他基础性的消费，更容易受外在约束条件的影响，一旦约束条件放宽，文娱消费的释放空间也更大。

表5－4　　　　　　　　　医疗风险与消费水平

自变量	总消费	食品消费	衣物消费	服务消费	文娱消费
患有慢性病（否）	-0. 181 ***	-0. 148	-0. 355 ***	-0. 263	-0. 181 *
高医疗支付概率	-1. 395 ***	-1. 613	-0. 652 ***	-2. 267 ***	-0. 517 **
补充医疗保险（无）	0. 111	0. 440 *	0. 01	0. 251 *	-0. 097
补充保险×高医疗支付概率	0. 113 *	-0. 486	-0. 012	0. 003 *	0. 091

续表

自变量	总消费	食品消费	衣物消费	服务消费	文娱消费
男性（女 = 参照）	0.137***	0.156***	0.172**	0.089	0.108
年龄	0.031**	0.172*	0.201	0.094	-0.023**
年龄的平方	-0.006**	-0.014**	-0.022	-0.013*	0.012
受教育程度（高中及以上 = 参照）					
初中、中专	-0.604***	-0.577**	-0.670**	-0.334	-2.121***
小学、文盲	-0.712***	-0.620*	-0.875*	-0.653	-2.258***
所属行业（商业服务业 = 参照）					
农林畜牧业经营	-0.089**	-0.058**	-0.294	-0.336	0.057*
制造业	0.008	0.103	-0.486*	-0.185	0.184
运输等社会服务行业或其他	0.033	0.13	-0.524*	-0.212	0.370*
劳动收入的对数	0.040***	0.046**	0.034+	0.056***	0.008*
转移收入的对数	0.170***	0.052	0.061	0.152***	0.214*
代际支持对数	0.024***	0.052***	0.141***	0.044**	-0.022
居住方式（独居/与配偶住 = 参照）					
与子女居住	0.008	-0.138	0.254	0.137	-0.073
与孙子女居住或其他	-0.101	-0.186	-0.570**	-0.006	-0.063
子女数	0.253***	0.08	0.492**	0.327***	0.251+
城乡（农村 = 参照）	0.183***	0.202*	0.143	0.310***	0.226+
截距	11.139***	10.184***	8.234***	9.813***	3.924***

注：***、**、*、+分别表示在0.001、0.05、0.01、0.1 的水平上显著。

与未享有补充性医疗保险者相比，享有者在食品消费与服务消费上具有显著性优势，即补充性医疗保险对食品消费以及服务消费等弹性缺乏类消费类别具有显著的促进作用，对富有弹性的文娱消费则不具有显著影响。具体而言，纳入补充性医疗保障的老年人的总消费、食品消费、基本服务消费的对数分别高出未参保者0.111、0.440、0.251。随着医疗保险的普及，绝大多数家庭或居民已纳入基本医疗保险，但保障额度有限，在应对大病时发挥的作用小。补充性医疗保险是对基础性医疗保险的补充，保障额度高、保障疾病种类广，通过降低大病风险，降低人们对未来疾病支出风险的不确定性预期，从而促进消费水平的提升。老年群体的消费主要集中在基本日常消费，而文娱消费所涉及的人群规模小，即使家庭未来发展朝着良好的预期发展变化，老年群体对于文娱消费的需求仍具有被动性，这一方面凸显了老年消费的节俭惯性与传统性，另一方面也凸显了老年消费结构的单一。

　　社会保险在降低未来风险上发挥着天然优势，为进一步考察补充性医疗保险在降低健康风险、促进消费水平上的作用，设置了补充医疗保险与高医疗支付概率的互动项。结果发现，高医疗支付概率对各类消费的主效应仍呈现显著的负向相关关系，但补充性医疗保险与高医疗支付概率的交互项显著正向促进了总体消费水平，这说明补充性医疗保险有效缓解了高医疗支付概率对消费的抑制，使消费水平整体朝着积极的方向发展。互动项对各分项消费的影响略有差异，除了有效调节高医疗支出对服务消费外，对食品消费、衣物消费以及基本服务消费等并无显著作用。

　　就控制变量来看，随着年龄增长，消费水平先降低后上升，且在总消费与基础性消费上具有一致性。年龄每增加1岁，总消费以及食品、衣物、基本服务各分项消费的对数分别提高0.031、0.172、0.201、0.094，而文娱消费随着年龄的增长而降低。男性比女性的消费优势更明显，其总消费以及食品消费、衣物消费的对数分别高出0.137、0.156、0.172，且具有统计学显著意义。由此可知，男性消费更多体现"行动者"角色，消费决策更大胆、消费水平也更高。收入类变量均显著影响促进消费水平，但文娱消费受收入的影响较弱。

受教育程度越高，消费水平越高；受教育程度越低，食品消费、衣物消费以及文娱消费也越低。与受教育程度为高中及以上者相比，初中以及大专者等的总消费以及各分项消费的对数分别低 0.604、0.577、0.670、－0.334、－2.121；小学、文盲者的总消费以及各分项消费的对数则分别低 0.712、0.620、0.875、0.653、2.258。与商业、服务业等从业者相比，农林畜牧业经营的总消费以及食品消费显著更低，而制造业从业者在衣物消费方面表现出显著更低的消费状态。收入类变量对消费影响具有一致性，即劳动收入、转移收入以及代际支持等越高，老年消费水平越高，且在总消费以及各分项消费均具有显著正向作用。受教育程度低者，社会地位、经济实力偏低者，需求的多是基本的衣食类消费。子女数量显著提高老年人消费水平，即子女提供的潜在养老资源在降低老年父母未来的收入风险、保障消费水平上发挥重要作用。农村老年人对比城市老年人的消费劣势延续到消费的各个方面，这与农村长期的建设滞后、社会保障制度不完善等带来的消费力不足紧密相关。

5.4.2　医疗风险与消费结构

表 5－5 显示了医疗风险对消费结构的 OLS 模型估计结果。在控制其他变量的情况下，与非患病者相比，慢性病患者的食品消费占总消费的比高 0.189，服务消费占总消费的比则相应低 0.192，且两者均具有显著性意义。是否患病与衣物消费以及文娱消费占总消费的比则没有显著相关关系。高医疗支付概率显著负向作用于食品消费以及文娱消费占总消费的比，而对衣物消

费、基本服务消费的相对支出结构无显著影响。高医疗支付概率越大者、患慢性病者的总消费与各发展性消费呈现负向方向变动，且发展型消费占总消费的比更低。

表 5 – 5　　　　　　　　　医疗风险与消费结构

自变量	食品/总消费	衣物/总消费	服务/总消费	文娱/总消费
患有慢性病（否＝参照）	0.782*	0.021	-0.721	-0.082+
高医疗支付概率	7.52	-1.796*	-6.055	-0.669**
补充医疗保险（无＝参照）	-2.495	-0.1	2.351	0.045*
男性（女）	0.121**	-0.029	-0.130**	0.312
年龄	0.211	0.107	0.131	-0.125**
年龄的平方	-0.179*	0.311	0.128	-0.091**
所属行业（农林畜牧业经营＝参照）				
商业服务业	1.682	0.218	-1.99	0.09
制造业	2.215	-0.022	-2.25	0.057
运输等社会服务行业或其他	2.979*	-0.043	-2.966*	0.031
家户收入对数	0.018	-0.009	-0.015	0.006
转移收入对数	-0.041	-0.334	-0.182	0.231*
代际支持对数	-0.097	-0.113	-0.351	0.017*
居住方式（独居/与配偶住＝参照）				
与子女居住	-0.013	0.223+	-0.34	0.130*
与孙子女居住或其他	-0.167	0.056	0.078	0.033
子女数量	-0.326**	0.04	-0.394	0.029+
受教育程度（高中及以上＝参照）				
初中或中专	-2.547	0.129	2.448	-0.03
小学或文盲	0.511	0.318	-0.699	-0.13

续表

自变量	食品/总消费	衣物/总消费	服务/总消费	文娱/总消费
城乡（农村 = 参照）	1.807 *	0.001	– 1.948 *	0.141 **
截距	16.336 ***	6.785 ***	11.388 ***	5.492 ***
R – squared	0.083	0.087	0.091	0.101
Prob > F	0.000	0.000	0.000	0.000

注：***、**、*、+分别表示在 0.001、0.05、0.01、0.1 的水平上显著。

随着医疗风险不断增大，文娱消费降速快于总消费降低速度，即文娱消费更易受医疗风险的抑制。对比高医疗支出概率和是否患有慢性病分别对各明细消费支出的影响可知，高医疗支付概率对文娱消费的抑制程度最大，是影响老年人消费结构多元化的关键来源。这无不说明，家庭往往很难承担高医疗支付风险，一旦发生较大额度的医疗花费，在物质条件约束下，个体或家庭必然采取压缩其他支出的消费决策。食品消费、衣物消费作为基础的生活类必需消费项目，虽然在高医疗支出的约束下有所降低，但因其维持基本日常所需的特征而呈现稳定态势。文娱消费是随着现代社会发展而衍生出的高层次消费，当医疗支出显著压缩家庭既有的物质资源时，发展性消费则会出现显著的降低。从动态的消费结构也可以说明，文娱消费降低所带来的物质节余除了用于特定的支付医疗外，基础性消费也是其中的重要支出部分。

就控制变量来看，个人收入越高，总消费中食品消费部分越低，用于服务消费越高；家户资产对各类消费占总消费的比并不具有显著影响。不同的居住方式带来不同的消费选择，与独居者或者仅与配偶居住的居住方式相较，与子女居住的老人发展性消费更高，而与孙子女居住的老人则不存在显著差异。即在同等家庭收入以及物质条件约束下，老年父母、成年子女的居住模式对发展性消费的需求更大。受教育程度越高者，越倾向于文娱消费，消费结构也越多元化；受教育程度越低，越倾向于基本的食品消费，消费结构越简单。就地区差异来看，与东部相比，中部地区家庭食品消费支出比重低出 1.470，在服务消费上的比重高出 1.492；西部地区文娱消费比重低 0.005。由此或许可以说明，西部地区整体物质环境、文化消费理念、休闲产业建设等一定程度上滞后于东、中部地区，从而造成文娱消费的相对不足。就城乡归属而言，城市地区的食品消费以及文娱消费占总消费的比均高于农村。

5.5　结论与讨论

老化是生物界的普遍规律，是随着年龄增长必然出现的生理性退化。它同新陈代谢一样，基于特定的生命周期而呈现功能减退，甚至逐渐趋向死亡的过程。老年期作为个体功能衰退的突出阶段，在躯体功能减弱的客观事实基础上，亦会对心理、社会等属性产生关联式冲击。本部分从老年人特定的生理性因素出发，利用调查数据，围绕老年人躯体健康与疾病，分析医疗风险对老年人消费水平与消费结构的作用机制。

医疗风险越大，消费结构越单一，越不利于发展性消费。无论是慢性病患者还是高医疗支付者，其消费活动中的文娱消费十分有限，而食品消费占据相当部分。老年群体的支出风险预期主要集中于健康风险与医疗支出活动，它们是压缩其他稳定性消费的重要原因。围绕疾病和健康所展开的医疗支出较少能提前预料，也难以通过技术规划风险发生的时间以及可能存在的状态。

相比较收入波动，健康风险、医疗支出等是更直接影响老年预期的变量，这种状态与老年群体处于特定的生命周期紧密相关。随着社会经济不断发展，我国人口平均预期寿命越来越长，但长寿不健康的趋势也越发明显，老年人慢性病患病比例呈逐年上升趋势，患病种类也越来越多。疾病压缩、疾病扩张和疾病动态平衡是衡量健康变动趋势的主要模式。基于当前我国老年疾病发展情况，难以简单用其中的某种类型对老年健康进行单一评价。特别是在医学技术不断发展的背后，长寿是个体未来生命选择的必然归宿，但疾病愈发低龄化以及漫长的带病期等问题将始终存在。在应对老年人的健康风险的过程中，家庭不得不承担起老年的照护压力以及健康支付成本，由此，老年个体的健康风险和疾病风险上升至家庭风险。健康风险作为负向支出的重要来源，在时代的变迁推移中，基于健康和疾病产生的负向预期并未朝良性方向发展，而是在慢性病低龄化、疾病多元化的浪潮中逐渐加深，并成为制约稳定性消费的重要来源。

高医疗支付概率抑制消费结构的多元化。高医疗支付概率作为衡量医疗风险的关键指标之一，在增强行动者的负向预期、提高未来的风险意识上产生重要影响，并促使个体划拨更多的心理账户资金用于健康风险应对。在受限的物质资源约束下，一旦发生较大额度的医疗支付，个体或家庭必然采取压缩其他支出的消费决策。在此过程中，首当其冲受到负向制约的消费类别为更高层次的文娱性消费。针对文化活动、文化产业建设相对滞后的老年群体，特别是农村地区或落后地区老年群体，适当加强对文娱消费设施与条件的建设略显迫切。随着社会保障体系建设不断取得的成绩与发展成果，未来多层次、多样化的保障将会是降低因病致贫风险的突破口，也将是丰富老年人消费结构的有效路径。这对更高保障层次的医疗保险体系提出了新要求。

食品消费较少受医疗风险的影响，文娱消费受医疗风险的抑制程度大。文娱消费变动是行为主体基于外在的不确定性环境进行决策的结果。这种变动的基本逻辑在于：文娱消费作为发展性消费的重要构成部分，是比基础的食品消费、衣物消费等更高层的消费类别，在受到外在经济条件的约束时，理性行为主体会选择维持生存基础需要的基础性消费（食品消费），并相应降低高层次的发展性消费（文娱消费）。具体而言，食品消费较少受收入波动的影响，受支出风险影响的程度也显著低于其他消费类别；衣物消费、基本服务消费以及文娱消费相对比食品消费而言，不仅受收入波动的影响，而且受支出风险的负向制约更明显。需要强调的是，文娱消费作为本部分所定义的最高层次的消费，最易受到风险及预期思想影响的负向制约。

补充医疗保险不仅直接促进消费水平的提高，而且通过降低高医疗支付概率对消费行为的抑制以实现物质资源约束下的多元化消费。随着国家社会保障制度的完善，绝大部分人已纳入基本医疗保障体系中，但受报销额度以及报销比例等的规定，在发生大病风险时现有的医保模式难以有效保障家庭的健康权利。一旦发生预期之外的大额支出，个体将产生强烈的负向心理感知，并通过降低其他消费支出以应对未来可能发生的风险，由此导致生存质量的降低。补充性医疗保险对老年人的消费行为具有重要的促进作用，是制度层面上降低健康风险的负向良好性指标，也是老年消费重要的保护机制。然而，对于绝大部分群体而言，家庭或个人往往多"祈祷"降低不确定性支出发生的概率以保障收入安全。疾病、支出风险及其带来的负向预期等极大冲击了个体的消费。对于老年人而言，在收入限定的情况下，难以通过收入优势抵消支出风险而保障消费水平，只能通过压缩稳定的日常生活支出以降低疾病支出风险的负向预期。长寿不健康的趋势不仅强化了个体的负向预期,也将个体自身健康风险上升为家庭照护风险,导致老年消费角色发生变化。因此,在老年社会参与、经济活动受到限制的情况下,从健康干预和健康教育出发,提升健康管理的有效性,将是合理改变老年疾病风险认知、调整老年消费角色的有效选择。

第6章 代际资源流动与老年消费

　　基于老年社会性特征、代际互惠以及老年社会交换等产生的消费动力将决定老年消费行为的选择空间。老年社会交换、代际转移互惠等理论不仅强调了老年人社会经济地位的弱势，也揭示了老年人主要的经济收入来源，即转移收入以及代际支持。社会养老保障功能的不足决定了家庭养老的重要地位。随着家庭结构不断缩小，家庭的赡养能力也逐渐丧失，老年人所依靠的转移收入以及代际支持相应面临极大风险。在此情况下，基于老年社会性特征而形成的物质关系将成为影响老年收入乃至老年消费的重要因素。本章将围绕凸显老年社会性资源特征，着重从代际资源流动出发探讨老年消费行为。

6.1　问题提出

　　家庭养老作为我国传统文化形态下的养老方式，在社会化养老体系尚不成熟的背景下发挥重要的主体作用。不同于西方小家庭单向抚养的接力链条，中国家庭的代际关系表现为"父母抚养子女，子女成年后赡养老年父母的反哺双向循环模式"（费孝通，1983）。随着社会经济发展以及人口结构的巨大变化，特别是 20 世纪 80 年代初独生子女政策的实施以及低生育趋势的显现，子女数量减少预示着传统反哺模式开始动摇，家庭养老功能逐渐衰弱；甚至出现"啃老""养老防儿"等消极代际关系（Grundy & Henretta，2006），伴随城镇化与现代化的加深而愈发普遍（李路路、杨菊华，2009）。在典型的"三明治"家庭（sandwich family）中，中年夫妻作为经济资源的主要供给者，承担了照料老人与抚养子女的双重责任；若家庭资源受到限制，那么祖孙之间将不可避免产生竞争。资源稀释理论最先运用于解释兄弟姊妹之间的竞争关系。父母提供的资源或预算总是有限的，家庭子女数量越多，每个孩子获取的资源也越少，从而形成兄弟姊妹之间的潜在冲突与竞争（谢永飞、程剑波、郑诗泽，2018；钟粤俊、董志强，2018）。若将资源稀释模型用于祖、父、孙的三代关系中，当"三明治"家庭中的核心层提供的资源有限时，祖辈与孙辈之间是否存在代际竞争关系？作为老年收入的重要来源之一，代际资源特别是经济资源，有效促进了老年消费水平的提高（杨成钢、石贝贝，2017）。当祖孙之间存在潜在资源竞争关系时，老年人的消费决策是否会受到影响而呈现新变化？

老年社会交换、代际转移互惠作为解释老年社会性特征方面的重要理论体系，通过老年社会角色、社会交换地位等出发阐明了老年群体有限的资源地位，特别是从转移收入与代际支持出发，强调了老年社会经济地位的劣势（韦宏耀、钟涨宝，2015；王金水、许琪，2020）。任何个体都是镶嵌在特定的社会关系中，在一系列社会互动和交往中，个体倾向于通过拥有的资源进行交换以满足特殊的自我需求。老年人的社会交换和需求的满足受到了诸多限制和约束，源于他们缺乏物质财富、能力、健康等交换关系各方认可的资源，因而处于社会交换中的被动和屈从角色。

长期以来，社会养老保障体系以及社会赡养功能的不足决定了家庭养老的重要地位。然而，家庭赡养功能在少子化浪潮中逐渐弱化，"反哺"出现断裂，家庭资源越来越向幼辈倾斜，老年人赖以获得的经济支持面临极大风险。在此情况下，基于老年社会性特征而形成的物质关系将成为影响老年收入乃至老年消费的重要原因。祖孙之间的代际资源关系作为一种抽象意义上的讨论，需要通过具体可行的操作化予以衡量。本章将以祖孙两代之间存在的"有"来探讨代际资源的流向特征，以此凸显代际之间的竞争性及其对老年消费活动的影响。据此，围绕老年社会性特征，从社会交换、代际转移等投射的老年社会经济地位出发，将其重点聚焦于老年家庭资源获取能力及其对老年消费动力与消费选择空间的作用。本章主要回答以下两个问题：一是向下流动的代际资源如何影响老年人资源获取？二是向下流动的代际资源如何影响老年消费？对于上述问题的回答，也正是本部分的研究意义所在。

6.2　文献综述

作为血缘和婚姻的实体，家庭基于情感取向而联结（Clark & Ladd，2000；Antonovsky & Sourani，1988；Liesl & Abraham，2005）。家庭凝聚整合功能的本质是养育与赡养，是人类社会发展的必然归宿（Swartz，2009；Silverstein & Giarrusso，2010），传统社会规则同样强调了孝道责任在解释代际支持作为家庭凝聚力方面的重要性（彭希哲、郭德君；2018；彭希哲，2016）。随着社会现代化、城镇化程度不断提高，特别是家庭规模日益小型化，家庭融合形式也逐渐发生变化（Ilies，KWilson & Wagner，2009），传统社会理想的父慈子孝、代际同堂的家庭关系开始松动。奥格伯恩（Ogburn）曾于 1938 年指出，家庭整合凝聚功能的有效发挥在于家庭成员共同居住，若成年子女离开父母单独居住，将会造成凝聚力不足，甚至导致照护责任缺失。老年父母在遭遇困难或是急需帮助时，子女的缺位使他们不得不向家庭以外的其他成员寻求援助，如保姆、邻居、亲戚或社区志愿者等。这并非家庭整合功能衰弱的悲观呈现，也并非对于家庭成员分开居住的批判，而是凸显了现代化进程中居住方式的新形态以及由此形成的新的家庭关系。

　　家庭融合的新形式似乎可以从代际关系中找到新答案。在《文化与承诺：一项有关代沟问题的研究》一书中，米德（Mead，1970）率先提出了代沟的概念，并对不同代际的特征差异进行了解释。城镇化以及人口流迁的非可逆、家庭结构分化以及养老功能弱化等正颠覆传统家庭的代际平衡（Swartz，2009；Silverstein & Giarrusso，2010），传统以子女向上提供支持的家庭养老模式受到了挑战，导致赡养、传统孝道观念的巨大改变（陈滔、卿石松，2019；夏春萍、郭从军、蔡轶，2017）。年轻人在现代化浪潮的奔流中逐渐成为家庭中流砥柱而占据有利的资源优势（Coxa & Stark，2005；Wu，Dong & Xu et al.，2018），愈演愈烈的"啃老"剧烈冲击中国传统伦理价值取向（Tam，Busiol & Lee，2016；Batini et al.，2018；Dukhovnov & Zagheni，2015）。风笑天（2011）曾用"代际剥削"来形容父母和子女之间经济关系的新特征，以此表明子女对父母的经济"掠夺"以及新时期独特的代际关系。

　　代际关系通常镶嵌于家庭结构中，最常见的模式发生在父母与子女之间，也即单一维度的向上支持或向下支持。一般而言，儿子为老年父母主要提供经济照料和物质支持，女儿多提供工具支持与情感支持（Rachel，Ran & Xi，2011；Jiang & Li，2016）；独生子女家庭在养老方面则不存在显著的性别角色分工，承担了儿子与女儿的双重功能（风笑天，2008）。然而，老年人获取的经济支持与子女数量之间并非呈现简单的正相关关系，子女数量越多，越容易导致兄弟姊妹之间相互依赖以及责任推卸，反而抑制了子女赡养老年父母的积极性和主动性（唐雁明、刘利鸽、刘红升，2021；秦永超，2021）。如果在向上或向下的父代和子代关系中纳入三代分析视角，那么处于祖辈（第一代）和孙辈（第三代）之间的中年一代不仅提供了向上的赡养责任，而且也承担了向下的抚养义务（Lundholm & Malmberg，2009；Pierret，2006）。由此，第一代和第三代共享家庭资源，在有限的资源约束基础上形成一定的竞争关系。当然，祖辈亦可以通过照顾孙辈以获取更多来自成年子女的资源支持（Chen，Liu & Mair，2011；Gans，Lowenstein，Katz & Zissimopoulos，2013；Grundy & Henretta，2006）。具体到代际资源与消费之间的关系，现有研究多将老年人获取的代际支持作为一种有效的收入来源（尹星星、周榕，2021；王美华、尹新瑞，2020；张栋，2021；周坚、何梦玲，2019），并基于消费—收入理论关系探讨两者之间的作用机制，即通过代际支持以及潜在收入保障增加消费决策的行为空间（马跃如、王清、黄尧，2021；吴伟，2021）。

总体而言，诸多研究集中于父代与子代之间的单向互动关系，围绕家庭结构与代际支持、子女数量和子女性别与代际支持、代际支持与老年生存质量等关系展开，而从多代视角出发，探讨祖辈与孙辈之间的代际关系及其对消费行为影响的研究尚不足。据此，本部分基于老年社会性特征，从代际资源互惠与社会交换等视角出发，基于资源稀释理论，关注未成年孙辈与祖辈之间的竞争性关系，并在此基础上探讨未成年孙辈对老年消费活动的影响。长期以来的城乡二元分治，一定程度上导致城乡老年人在家庭养老以及代际资源交换上存在差别，故在后面的分析中，也从城乡差异视角出发，探讨城乡老年人的代际结构、代际资源与消费决策之间的关系。

6.3　数据与变量

6.3.1　数据来源

本部分采用由中国人民大学调查研究中心于 2018 年实施的中国老年社会追踪调查（CLASS）数据。该数据是一个全国性、连续性的大型社会调查项目，以 60 岁及以上的老年人为调查对象，采用分层多阶段抽样，覆盖 28 个省、区、市的 462 个社区，通过定期、系统地收集中国老年人群社会、经济背景数据，掌握老年人在衰老过程中面临的各种问题和挑战，评估各项社会政策措施在提高老年人生活质量方面所取得的实际效果，为中国老龄问题的解决提供重要的理论和事实依据。根据本章研究目的，代际资源流动的方向、规模等在父代与子代共同居住的形态中难以有效识别。为准确把握父代和子代之间的资源交换关系及其对消费特征的影响，仅选择与配偶共同居住或独居老年人样本为分析对象。剔除无子女样本以及缺失样本后，最后符合条件的样本数为 6314 个。

6.3.2 变量与测量

6.3.2.1 因变量

消费水平。与前面章节的分析保持一致，本部分的消费水平为老年人稳定性消费支出，包括基本的食品、衣物、家庭水电、文娱等消费。此处没有区分具体的消费结构，而是将以上诸多稳定性的日常消费全部汇总纳入消费水平的度量。在具体的操作中，消费水平作为连续变量纳入模型予以分析。

代际支持。代际支持一般包括向上的代际支持和向下的代际支持。对于向上的代际支持，通过询问被访者"去年您或您的配偶从子女那里得到了多少经济支持？"来测量；向下的代际支持则通过询问"去年您或您的配偶给你的孩子提供了多少经济支持？"来测量。对老年人而言，他们提供给子女的经济支持（向下的代际支持）以及接受来自子女的经济支持（向上的代际支持）是同时发生的，因此，为了准确衡量老年人获得来自子女的经济支持，通过两者之间的差值来体现老年人获得的来自子女经济支持的净值。根据受访者提供的确定金额来确定代际支持范围大小，鉴于部分老年人并没有提供准确的数值而是范围值（1 = 无，2 = 1～99 元，3 = 200～499 元，4 = 500～999 元，5 = 1000～1999 元，6 = 2000～3999 元，7 = 4000～6999 元，8 = 7000～11999 元，9 = 12000 元以上），利用中位数数值来进行代际支持大小的具体量化并替代，最后将其作为连续变量纳入分析。

6.3.2.2 自变量

是否有未成年孙子女。为有效检验本部分的研究问题，利用未成年孙辈来体现老年人代际资源获取的限制与约束。在典型的

"三明治"家庭中，第一代（祖辈）和第三代（孙辈，特别是未成年孙辈）共同依赖于第二代（中间层，成年子女）的经济支持。据此，将未成年孙辈作为影响祖辈代际支持可及性的竞争因素，并以此衡量代际资源流向的一般趋势。是否有孙子女处理为二分类虚拟变量，其中，1 为有 18 岁以下的孙子女，0 为没有 18 岁以下的孙子女。

控制变量为社会人口学特征、社会经济特征以及家庭特征，包括年龄、性别、受教育程度、婚姻、是否在业、城乡、居住安排、子女数量、收入等。年龄四分类处理，1 = 60 ~ 64 岁，2 = 65 ~ 74 岁，3 = 75 ~ 84 岁，4 = 85 岁以上；性别处理为二分类变量，1 = 女性，0 = 男性；受教育程度处理为三分类变量，1 = 文盲，2 = 小学教育，3 = 中学及以上教育；婚姻处理为二分类变量，1 = 在婚，0 = 不在婚；在业状态处理为二分类变量，1 = 在业（参加经济活动即可），0 = 不在业（无任何经济活动）；城乡处理为二分类变量，1 = 城市，0 = 农村；子女数量、收入均处理为连续变量纳入分析。自变量的具体操作与定义见表 6 - 1。

表 6 - 1　　　　　　　　　　变量操作与定义

变量名称	变量定义
是否有未成年孙子女	分类变量，1 = 有，0 = 无
年龄	分类变量，1 = 60 ~ 64 岁，2 = 65 ~ 74 岁，3 = 75 ~ 84 岁，4 = 85 岁及以上
性别	分类变量，1 = 男性，0 = 女性
受教育程度	分类变量，1 = 文盲，2 = 小学教育，3 = 中学及以上教育
婚姻	分类变量，1 = 在婚，0 = 不在婚
在业状态	1 = 在业（参加经济活动即可），0 = 不在业（无任何经济活动）
城乡	分类变量，1 = 城市；0 = 农村
子女数	连续变量
收入	连续变量

6.3.3　研究方法

为了对研究问题进行验证，本部分使用 T 检验（针对连续变量）以及 Pearson 卡方检验（针对分类变量）比较城乡样本特征以及两群体之间代际支持和消费支出的差异。利用多元线性回归的方法，探讨未成年孙子女对老年人获取的代际支持的影响以及未成年孙子女与老年消费之间的关系。在具体分析过程中，首先对全样本进行分析，在此基础上对城市、农村两个子样本分别予以检验。

6.4　数据结果

6.4.1　描述性分析

如表 6-2 所示，老年人平均消费支出为 6787 元，其中城镇老年人消费支出为 8293 元，远高于农村老年人消费水平（5027元）。老年人获得来自子女的代际支持净值为负，即老年人提供给成年子女的支持高于子女提供给老年父母的经济援助。分别就向上和向下的代际支持来看（表 6-2 中并未显示），老年父母提供给子女的经济支持为 1486 元，而子女提供给老年人的经济支持仅为 521 元。老年家庭平均收入 14662 元，有未成年孙子女的老年人占比 63%。男性老年人占比 46%，略低于女性老年人；农村样本占比 54%，城乡样本占比 46%；60.93% 的老年人处于在婚状态，不在婚者略超过 3 成。绝大多数老年人继续进行劳动参与，不在业者仅占 21%。老年人平均年龄为 67.04 岁，其中，60～64 岁老人占 22.16%，65～74 岁老人占 19.75%，75～84 岁老人占 20%，85 岁及以上老人占 6.34%。老年人受教育程度偏低，超过 1/3 的老年人为文盲，初中及以上者不到 3 成。老年人平均子女数为 3.7 个。

表 6 - 2　　　　　　　　描述性分析结果

变量	全样本 （N = 24885）	城镇 （N = 13411）	农村 （N = 11474）	p
消费支出（元）	6787	8293	5027	***
代际支持（元）	−964.94	−1024.00	−895.90	***
有未成年孙子女（%）	63	58	84	***
年龄组别				
60～64 岁	23.16	20.31	24.32	
65～74 岁	39.75	39.38	40.17	***
75～84 岁	30.75	33.49	29.95	
85 岁及以上	6.34	6.82	5.57	
男性（%）	46.06	44.85	47.47	***
在婚（%）	60.93	62.49	59.11	***
受教育程度（%）				
文盲	37.05	27.80	47.86	
小学	35.60	32.76	38.91	***
初中及以上	27.35	39.44	13.22	
收入（元）	14662	21735	6394	***
子女数（个）	3.70	3.45	3.99	**

注：＊＊＊、＊＊ 分别表示在 0.001、0.05 的水平上显著。

资料来源：根据中国人民大学调查研究中心于 2018 年实施的中国老年社会追踪调查数据（China Longitudinal Aging Social Survey，CLASS）整理而得。

从城乡子样本来看，城镇老年人和农村老年人在消费支出、代际支持、社会人口学特征等方面均具有显著性差异。具体而言，城镇老年人提供给子女的代际支持为 1024 元，有未成年孙子女的比例为 58%，男性占比 44.85%，在婚占比 62.49%；受教育程度总体偏低，初中及以上仅为 39.44%，平均年收入为21735 元，平均子女数为 3.45 个。农村老年人提供给子女的代际支持为 896 元，有未成年孙子女的比例为 84%，男性占比47.47%，在婚占比 59.11%，初中及以上仅为 13.22%，平均年收入为 6394 元，与子女同住的比例达 65.04%，平均子女数为3.99 个。值得注意的是，城镇老年人的消费支出、家庭收入均显著高于农村老年人，且前者提供给子女的代际支持显著高于农村老年人。城镇老年人及其子女的受教育程度也显著高于农村老年人与子女：城镇老年人子女接受大学教育的比例达 22.64%，而农村老年人的子女仅为 4.7%；超四成农村老人的子女仅接受小学教育，高中及以上受教育者仅为 15.5%，远低于城镇老年人子女（51%）。城镇老年人在社会经济地位上的优势与长期以来的城乡二元分治密切联系，从而造成了农村老年人社会经济地位的相对劣势。

6.4.2　模型分析

6.4.2.1　未成年孙子女对代际支持的影响

如表 6 - 3 所示，模型 1 考察了未成年孙子女以及老年特征对代际支持的影响；模型 2 在模型 1 的基础上，纳入未成年孙子女与老年人年龄的交互项，考察其对代际支持的影响。相比较有未成年孙子女的老年人，没有未成年孙子女的老年人获得来自子女的经济支持少 135 元，且在 0.05 的水平上显著，也即未成年孙辈（第三代）负向影响祖辈（第一代）获得的来自成年子女（第二代）的经济支持。这一发现验证了前文提出的研究问题，即在典型的"三明治"家庭中，孙辈与祖辈之间在有限的家庭资源供给中产生了一定的竞争关系，未成年孙辈挤压了祖辈的资源获取。年龄越大，老年人获得来自成年子女的代际支持越多。相比较60~64岁老年人，其他更高龄老年人获得的经济支持显著更高。纳入年龄与未成年孙子女的互动项后发现，与75岁以上且有未成年孙子女的老年人相比，没有未成年孙子女的老年人获得的经济支持显著更低。也即，虽然高龄老年人具有一定的代际资源获取优势，但未成年孙子女所产生的调节作用抵消了高龄老年人的资源优势而呈现负向作用。就控制变量而言，性别、婚姻对老年人获取的经济支持无显著影响。受过高等教育、城镇、收入较高的老年人获得的代际支持优势更明显：城镇老年人比农村老年人获得来自子女的经济支持多260元；与受教育程度为小学及以下者相比，初中、高中以及大学以上受教育者获得来自子女的代际支持分别为242元、451元、1109元。

表6-3　　　孙子女对老年经济支持的回归分析结果

变量	全样本		城镇样本		农村样本	
	模型1	模型2	模型3	模型4	模型5	模型6
年龄（60~64岁=参照）						
65~74岁	112.12 +	278.95 *	137.26	164.00	49.74	494.49 +
75~84岁	289.043 ***	448.85 ***	475.35 ***	184.36	-10.72	838.42 ***
85岁及以上	267.59 *	426.51 **	518.05 *	37.81	-77.43	1021.58 ***
有未成年孙子女（无）	-135.19 **	33.45	-180.76 *	58.98	-63.69	121.96
互动项（75岁及以上×有未成年孙子女）						
75岁以下×无未成年孙子女		-211.90 +		-200.33 +		-385.47

续表

变量	全样本		城镇样本		农村样本	
	模型 1	模型 2	模型 3	模型 4	模型 5	模型 6
75 岁及以上 × 无未成年孙子女		− 173. 35 *		− 122. 48 *		− 115. 82
75 岁以下 × 有未成年孙子女		− 156. 27 *		− 110. 16 *		− 96. 26
男（女）	62. 16	63. 49	125. 42	31. 87	− 48. 92	113. 02
在婚（不在婚）	68. 156	68. 43	184. 66 *	12. 47	− 65. 74	172. 07
受教育程度（文盲）						
小学	67. 32	65. 44	207. 11 *	− 35. 39	− 65. 74	215. 94 **
初中及以上	13. 39	10. 72	− 34. 02	15. 45	33. 61	34. 38
城（乡）	260. 06 ***	258. 04 ***	291. 34 **	− 152. 23 *	8. 15	389. 90 *
收入（对数）	− 82. 21 +	− 83. 51 +	− 29. 17 +	− 57. 52 +	− 47. 18 +	− 53. 93 +
子女数	20. 84	21. 58 ***	− 16. 81	67. 77 ***	76. 97 ***	− 14. 99
Prob > F	0. 000	0. 000	0. 000	0. 000	0. 000	0. 000
Adj R-squared	0. 035	0. 035	0. 043	0. 049	0. 049	0. 041

注：***、**、*、+分别表示在 0.001、0.05、0.01、0.1 的水平上显著。

资料来源：根据中国人民大学调查研究中心于 2018 年实施的中国老年社会追踪调查数据（China Longitudinal Aging Social Survey，CLASS）整理而得。

模型 3 至模型 6 进一步考察了城乡老年人的代际结构与代际支持之间的关系。无论是城市还是农村老年人，随着年龄的增长，获得来自子女提供的经济支持均不断增多；但有未成年孙子女的老年人获取的代际支持显著低于没有未成年孙子女的老年人。就年龄与未成年孙子女之间的互动效应来看，在城市样本中，与中低龄（75 岁以下）且没有未成年孙子女的老年人相比，75 岁及以上有未成年孙子女的老年人获得的经济支持显著更高。在农村样本中，不同年龄老年人与未成年孙子女之间的互动效应对经济支持的获取并不具有显著影响，即无论老年人是否有未成年孙子女，老年人获取的来自子女的经济支持并无差异，年龄以及其他老年特征才是决定农村老年人代际资源获取的关键因素。子女对老年父母的赡养与支持是中国社会传统美德，也是家庭凝聚功能在现代社会的良好延续。相比较城市地区，农村社会养老保险的不足强化了家庭养老的根基，绝大多数农村老年人的社会支持建立在子女尤其是儿子提供的经济支持上，他们较少受其他因素的影响而处于稳定依赖状态。因此，接受来自子女的经济支持既是家庭养老的有效延续，也是对农村地区社会养老不足的有效补偿。

6.4.2.2 未成年孙子女对老年消费的影响

上一节回答了"向下流动的代际资源如何影响老年资源获取"，本节继续就"向下流动的代际资源如何影响老年消费"进行探讨，以检验代际关系与老年消费决策的关系。表6-4展示了是否有未成年孙子女对老年人消费支出的回归结果。其中，模型1考察了在控制老年人口学特征以及社会经济特征等变量的情况下，探讨年龄以及是否有未成年孙子女对老年人消费水平的影响；模型2在模型1的基础上，进一步纳入了年龄与是否有未成年孙子女的互动项以考察互动效应对老年人消费的影响。结果发现，与没有未成年孙子女的老年人相比，有未成年孙子女老年人的消费水平显著更低，现在0.01的水平上显著。与60~64岁的低龄老年人相比，65~74岁的中高龄老年人的消费水平显著更高，其他更高龄段的老年人消费水平则没有显著差异。就互动效应来看，与有未成年孙子女的中高龄老年人相比，没有未成年孙子女的低龄老年人以及其他交互类型老年人的消费水平显著更低。

表 6 – 4　　　　孙子女与老年消费支持的回归分析结果

变量	模型 1		模型 2	
	系数	标准误	系数	标准误
年龄（60～64 = 参照）				
65～74 岁	3.154*	1.532	2.264*	1.172
75～84 岁	-1.271	0.932	-0.931	0.881
85 岁及以上	1.448	1.021	1.552	1.335
有未成年孙子女（无）	-2.174**	0.834	-1.108**	0.611
交互项（75 岁及以上×有未成年孙子女）				
75 岁以下×没有未成孙子女			-1.021*	0.427
75 岁及以上×无未成年孙子女			-1.116*	0.361
75 岁以下×有未成年孙子女			-1.638*	0.311
男（女）	1.031	0.882	2.001	1.902
在婚（不在婚）	3.214	2.713	2.103	1.873
受教育程度（文盲）				
小学	-0.872	0.671	-0.193	0.594
初中及以上	0.765***	0.321	0.645***	0.324
城（乡）	2.216+	1.582	3.117+	1.612
收入（对数）	3.002***	1.252	2.014***	1.247
子女数	0.981	0.874	1.211***	0.881
在业（不在业）	2.028	1.986	1.352	1.972
Prob > F	0		0	
Adj R-squared	0.142		0.151	

注：***、**、*、+分别表示在 0.001、0.05、0.01、0.1 的水平上显著。

资料来源：根据中国人民大学调查研究中心于 2018 年实施的中国老年社会追踪调查数据（China Longitudinal Aging Social Survey，CLASS）整理而得。

由以上分析可以发现，中高龄老年人相对比低龄老年人的消费优势受到了未成年孙子女的调节而呈现负向作用，也即当存在未成年孙子女时，无论处于何种年龄状态的老年人，其消费优势均被适度抵消。尊老是家庭美德良好体现，亦是孝道观念的渗透。老年人年龄越大，受到来自家人、子女的关怀也越厚重，但这种照料不断向孙辈倾斜，从而造成老年人在孙辈前的资源弱势地位。这一发现强化了本章所探讨的问题方向，也即随着代际资源向下流动，老年消费受到了一定的约束与限制。

就控制变量来看，性别、婚姻状况、是否在业等对老年消费水平不具有显著影响；受教育程度高者、城市老年人以及高收入家庭的消费水平显著更高。与受教育程度为文盲相比，受教育程度为初中及以上者的消费支出的对数高出 0.645，且在 0.000 的水平上显著；与农村老年人相比，城市老年人的消费支出的对数高 3.117；收入对数每增加 1 个单位，消费支出的对数也相应提高 2.014。可见，社会经济地位优势不仅促进了代际资源的可及性，而且也带来了老年人更高的消费水平。子女数越多，老年消费支出也越高。子女作为家庭重要的社会支持，为老年人提供的潜在经济支持保障了老年人积极的消费预期。这也进一步验证了消费与收入之间的本质关系，无论老年人的家庭特征以及代际关系特征如何，收入对消费的直接促进作用始终是直接且显现的。

6.5 结论与讨论

个体步入老年后，社会角色和行动发生诸多变化，特别是在社会互动和社会角色变迁过程中，老年退离原先的工作岗位和社会角色造成的价值与身份转变，由此产生特定的社会交换地位劣势。围绕老年社会性特征，基于老年社会角色以及老年社会交换地位，重点探讨老年期可及的收入因素对消费决策活动的影响。在老年有限的收入来源中，转移收入与代际支持占据了重要的部分。社会赡养功能长期不足决定了家庭养老的重要地位，家庭赡养功能在少子化浪潮中也逐渐弱化，"反哺"开始出现断裂，家庭资源越来越向幼辈倾斜，老年人赖以获得的经济保障面临极大的风险。本部分紧密围绕基于社会性特征之上的经济性因素，采用全国代表性样本和横断面调查数据，借鉴资源稀释理论，围绕老年社会性特征，探究了老年可及的代际资源与老年消费之间的关系。

研究发现，未成年孙辈负向作用于祖辈代际资源的获得与消费水平。中高龄老年人更易获得来自成年子女的经济支持，而有未成年孙子女的老年人获得的经济支持偏低。在考虑未成年孙子女和不同年龄老人之间的互动关系后发现，有未成年孙子女的中高龄老年人的代际支持劣势尽显，而无未成年孙子女的老年人获取的经济支持更丰。中高龄以及没有未成年孙子女的老年人的消费水平分别高于低龄老人以及有未成年孙子女的老年人。纳入未成年孙子女和不同年龄老年人之间的互动关系后发现，有未成年孙子女的高龄老年人的消费劣势明显。本章并未直接衡量老年人获得的经济支持与消费行为的关系，而是从未成年孙子女出发探究老年消费决策可能的行为空间。其中隐含的逻辑关系在于，未成年孙辈负向作用于老年代际资源获得，在可获取资源的基础上形成收入保障，通过收入与消费的关于影响老年消费决策。

以上结果进一步表明，中国家庭式代际资源正不断向下流动，通过未成年孙子女与老年人之间形成的资源竞争关系而呈现，传统反哺模式下的养老关系发生嬗变。在传统养老模式下，养老资源主要由成年子女提供，而随着家庭资源不断向幼辈倾斜，未成年孙子女的抚养和老年人之间的赡养对家庭资源构成了竞争关系。"三明治"家庭是当代多数家庭的缩影，家庭中的核心一代既承担了赡养老年父母（第一代）的责任，亦需要为未成年子女（第三代）提供照料支持。在这种结构当中，第一代与第三代之间产生了资源冲突，在家庭资源有限的情况下，第三代作为家庭的核心受到了绝对关注，并导致家庭资源（特别是财力资源）自然地由第一代向第三代转移，从而逐渐弱化了家庭养老功能。代际关系描述了不同代人之间思想和行为方式上的差异和冲突，代际互惠则是在代际差异的基础上强调了代际之间给予帮助和回报的道德规范。人与人在交换的过程中遵循的互惠原则是社会交换持续产生的重要前提（Gouldner, 1960）。受制于老年独特生命周期，资源地位劣势导致代际之间的惠利模式受到了阻碍，家庭代际资源分配弱化了向上的代际分配。

从老年社会属性出发，老年资源劣势及其对消费的消极制约似乎也为老年人的撤退角色增添了诸多现实释意。撤退理论（解脱理论）作为老年学中持续时间最长、引起争论最多的一种理论，在某种程度上解释了老年人在社会角色扮演以及社会参与方面的弱势地位。该理论主张，进入老年时期的个体应逐渐退出社会或家庭中的重要角色，老年人所担负的角色数量和重要性减少，他们的生活满足感将会提高。随着躯体功能不断弱化，老年人逐渐退出社会活动参与是不可避免的。若将老年人与子女之间的资源交换置于社会交换体系中，那么老年人的资源地位将处于极不平等的弱势地位。由此，老年人减少消费特别是减少文娱消费，将是必不可少的撤退过程，无论这一过程是因老年人自愿还是由社会起动，对社会和个人都会产生积极影响。这也解释了老年人过多围绕基础的食品消费、压缩消费内容的合理性。然而，消费作为一项重要的社会活动，在实现老年人的社会参与、提高老年人价值、促进积极老龄化等方面发挥重要作用，亦是促进老龄产业建设、开发老年人口红利的战略性举措。社会需积极改变对老年消费者撤退角色的刻板印象，从改变老年人及其子女观念出发，完善老年消费以及社会文娱活动参与的有效机制。

社会养老体系的不完善不仅强化了家庭养老的功能机制，而且滋生了农村社会家庭养老的文化基础。然而，无论是城市还是农村地区，家庭资源向下转移的趋势是一致的。一方面，幼龄儿童的抚养责任极大放大了家庭乃至社会的焦虑，如抚养成本过高、教育投入压力等，迫使家庭将有限的资源不得不向处于学龄期的儿童转移。另一方面，老年无用、老年价值有限等刻板印象放大了社会对老年人的偏见与歧视，导致老年人在家庭资源交换中处于绝对劣势。当然，本书并非简单倡导通过损害幼龄儿童的权利去提高老年人生活质量，而是在掌握老年消费水平规律的基础上提出更具可行性的对策建议。据此，继续加强家庭孝道观念建设以完善家庭养老机制，在考虑幼龄儿童发展的同时也适当兼容老年人消费权益，特别是呼吁提高社会养老保障水平以填补家庭养老功能的不足。通过社区再就业激活老年人工作积极性，引导有意愿的老年个体进行经济活动参与，合理盘活老年人力资本。

积极老龄化提出了老年状态的三要素：健康、参与、保障。健康作为个体人力资本存续的载体，奠定了参与的基础。社会参与不仅直接决定了老年价值和老年形象，也让他们认识到自我在社会活动方面的潜力，根据自我需求、愿望和能力进行社会参与。老年人社会参与是一个广义的概念，而经济资源的参与与获取则是其中的重要面向。随着家庭资源不断向下转移，新形成的代际关系导致代际之间的互惠模式发生了变化，家庭方面的参与首当其冲受到了极大约束与限制，具体表现为家庭决策地位低、物质资源获取有限。在家庭之上的社会参与也动力不足。从物质权利获取和自我特定价值实现出发，消费可以看作社会参与的重要一环，亦构成保障的重要来源。因而，社会角色的边缘化转变，本质是社会参与的不足，亦是对老年物质消费权利的约束。

本章也存在一定的不足。首先，相关研究对象主要集中于三代人之间的经济关系。随着预期寿命的延长，特别是农村社会在过去普遍早婚早育的传统氛围下，四代、五代等多代同堂的现象也愈来愈普遍。那么，在这种家庭结构中，多代之间的经济关系呈现何种新特征？特别是高龄老年人与中老年、青年一代等之间的经济关系保持何种状态？将是未来需要解决的重要问题之一。其次，本章主要从代际交换、代际互惠等视角出发，探讨老年群体的社会资源地位和消费活动之间的关联，而从更广义的宏观视角出发讨论代际之间的资源关系有待继续深入。

第7章　主观预期寿命与老年消费

　　老年心理认知是伴随社会性老化与生理性老化而出现的心理变化，亦是在变老过程中独特的情感体验与自我评价。心理认知的不同结果将决定个体消费预期差异，从而影响消费选择的行为结果。在符号互动理论的解释下，外在生活的环境、个人因素以及两者相互作用的综合结果，共同对老年消费行为和消费心理产生影响。在特定环境中，社会对老年价值的规范、老年人可及的资源等作出了相应的期待，最终决定了消费行为决策的结果。从衰老本身出发带来的消费弱化是不可避免的过程，是个人和社会的相互作用下出现的可能结果。在一系列的社会互动中，个体根据他人对自己的评判、态度来思考而形成自我概念，基于某种基本事实自我构建某种特定意义上的老年角色形象。主观预期寿命作为老年对个体健康以及生命归宿的认知，不仅涵括了老年对自身生物性机体状况的评价，亦是基于老化状态的社会性因素作出的综合评价。从行为生命周期视角出发，老年人主观预期寿命不同，对未来更长期消费的规划也相应存在差异。本章将围绕凸显老年心理性的认知特征，着重从主观预期寿命出发探讨老年消费决策活动。

7.1　问题缘起

老化认知和态度是人们对变老过程的体验与评价，是一个较为复杂的心理结构，特别是从中青年向老年的过渡中，秋愁、惧老等"老年危机"不断涌现。主观预期寿命作为老年人对自我健康以及生命归宿的感知，不仅涵括了老年人对个体生理性机体功能的判断，而且是基于老化状态的社会性因素做出的综合评价。例如，同等健康状况下，社会地位高、代际支持优的老年人往往保持积极的心理认知，对未来的健康与生活的期许更高；反之，社会地位低、生活环境劣者对健康、长寿的认知更显消极（Murray & Chen，1992；Lundberg & Thorslund，1994；Purser，2014）。主观预期寿命作为老年人风险感知的因素之一，是心理认知的重要构成部分，基于认知—行为的作用路径将对消费行为产生重要影响。随着社会经济的不断发展，国民预期寿命大幅提升。根据联合国人口展望数据，1985～1990 年中国平均预期寿命为 68.63 岁，2015～2020 年升至 75.43 岁。预期寿命延长不仅是医疗水平和生活质量改善的直接体现，也是民众惠享经济社会快速发展的结果。然而，在不断老化的过程中，老年阶段相对比中青年时期不具有收入优势，而且面临集中的疾病风险，在没有良好的物质保障、家庭或社会经济援助的情况下，极易陷入物质贫困乃至消费贫困（刘佩、孙立娟，2022；齐红倩、杨燕，2022；尹星星、周榕，2021）。规划个人储蓄与物质资源以平滑未来消费成为必然选择（Palumbo，1999），这也是不确定性消费行为有效解释的依据（朱信凯，2004）。人口预期寿命的延长，一定程度上构成了未来不确定性预期的重要来源之一。本部分将个体主观预期寿命作为老年生命阶段心理认知的度量之一，以试图概括出不同主观预期寿命下的老年消费行为特征。

7.2 文献评述

预期寿命延长是个体生命持续的正义之意，是社会经济发展的重要标尺。随着慢性疾病逐渐低龄化，长寿但不健康的趋势愈发明显（张文娟、付敏，2021；张文娟、王东京，2018）。作为影响健康的决定性变量，年龄的增长不仅导致健康风险增加，而且影响老年人健康认知能力，特别是初老过程中，疾病频发、慢性病增长等不断干扰老年人健康判断（李月，2020）。老年人能否准确获取自身健康信息，将决定健康管理行为的有效性（米红、刘悦、冯广刚，2020；林毓铭、肖丽莹，2019；Nardi, French & Jones, 2006）。在此过程中，医疗支出增加难以避免并将抑制其他基本消费（Yogo, 2016；Palumbo, 1999）。支出风险一定程度源于收入保障的不足，也是收入的负向度量，支出越多，相应减少收入存量。老年人收入来源单一、收入不稳定等经济特征制约了消费行为的最大化（杨成钢，石贝贝，2017；杨红娟，2018）。退休带来的收入和心理变化也是老年消费决策的重要因素（石贝贝，2017），特别是对于年轻时从事体力劳动的人而言，步入老年期，人力资本的丧失意味着收入来源的大幅减少，由此带来的心理变化将是改变过去消费决策的前驱力。子女提供的代际支持成为农村老年人、少有退休金老年人等群体物质生活质量的重要保障（江光辉、王颖、胡浩，2021；江维国、刘文浩，2021；侯建明、张培东、周文剑，2021）。在透支消费、提前消费越来越普及的当代社会，年轻人尚能通过金融机构、企业借贷等维持特定的消费水平，老年人则很难享有借贷优势，消费行为受收入波动的抑制明显，并呈现与年轻群体迥然相异的消费决策特征（李建民，2001）。

若将老年个体特征上升至家庭，不确定预期与消费行为的关系具有共通性：家庭中老年人口占比越大，医疗和养老风险越大，消费受抑制的情况越明显（丁继红等，2013）。帕伦博（Palumbo，1999）以退休老年夫妇以及退休老年个体为研究对象，发现退休者的消费活动有效被医疗支出风险所解释，为健康所支出的成本是老年人预防性储蓄的关键动机。自评健康作为个体对健康的主观感知，亦构成不确定风险感知的重要来源，对消费决策同样具有重要影响。自评健康状况越差，老年家庭的稳定性消费越低，但食品消费受抑制的程度有限（何兴强、史卫，2014）。社会支持作为一项重要的资源，在缓解未来不确定性、降低个人风险感知上作用明显（Cobb，1985），并由此带来个人积极的心理体验。养老保险、医疗保险作为制度层面重要的社会支持，通过调节疾病带来的风险预期而正向促进心理健康（李鑫，2018；慈勤英、宁雯雯，2018；陆杰华、王馨雨，2018；Starr-McCluer，1996），保障低收入群体稳定的消费来源和积极的心理预期。马光荣、周广肃（2014）利用 2010 年和 2012 年 CFPS 数据的研究发现，在"新农保"的保护作用下，农村老年人呈现出了消费高、储蓄低的特点。

基于已有研究，发现不确定性预期对个体的消费行为和消费决策具有重要影响，但主观预期寿命背后的心理预期鲜有关注。医疗风险增多、收入来源单一等直接决策老年消费行为，主观预期寿命则是通过平滑未来更长期的消费而影响当前消费决策。据此，本章围绕老年主观认知和老年心理性特征，从老年主观预期寿命出发，探析不同主观预期寿命模式下老年人的消费行为特征，并将生理性的医疗支出作为重要的控制变量。养老金作为重要的社会支持，积极强化了老年经济保障并有效稳定老年心理预期；养老金对消费活动的作用机制亦是本部分关注的重点之一。

7.3　数据与方法

7.3.1　数据来源

本书采用 2015 年中国健康与养老追踪调查（CHARLS）数据。CHARLS 由北京大学组织实施，每两年进行一次全国大型抽样调查。为了保证数据的代表性和无偏性，采用四阶段 PPS 抽样，按照县—村—家户—个人四层次进行。为了最终确定受访者，根据过滤问卷在家户中选择合适的家户成员，对年龄在 45 岁及以上的人及其配偶作为被访者进行访问。按照前面所界定的老年人标准与研究目的，本节选取了年龄在 60 岁及以上的单独居住或者仅与配偶同住老年人样本。剔除缺失样本，最后用于分析的样本数为 5987 个。

7.3.2　变量定义与操作

7.3.2.1　因变量：消费水平

因变量消费水平，反映了绝对消费支出的"高"与"低"。

食品消费对应的是日常生活中的食品支出，包括购买蔬菜、肉类、粮油等支出，但不包括香烟、酒水等奢侈性非基础性的生活消费；衣物消费是指过去一年中购买衣物所发生的支出，是通过市场产品交易而发生的消费；基本服务消费包括水电气支出、物业费、当地的交通费以及通信费，这类支出依托于外在的服务机构存在，是比衣物消费、食品消费更高层次的消费类别；文化娱乐消费包括书报、影剧票、碟片、DVD 等文化类支出以及旅游类支出，该消费是随着物质生活发展、精神文化需求增大而不断衍生出的消费。

7.3.2.2　主自变量

主观预期寿命。主观预期寿命探讨的是虚拟的主观认知年龄，与通常意义上基于群体计算的平均寿命不同，这里用的是被访者基于自身健康感知的存活年岁，通过"你预计能活到最大岁数？"来测度。在实际分析过程中，将"主观预期寿命"作为变量名，通过"个体预期存活的最大年龄减去实际年龄"来进行测量。基于数据分析结果，主观预期寿命在 5 岁以下的被访者占比3.40%，在 5~9 岁的占比为 5.28%，10~14 岁占比为 69.95%，15 岁及以上者占比 21.37%。主观预期寿命与个体的年龄、躯体健康状态直接相关，在年岁偏高且健康功能有限情况下，主观预期寿命往往呈现消极状态。为了避免年龄带来的主观预期寿命偏差，在后面具体的数据分析部分，根据个体的生理年龄区分了高龄组（70 岁及以上）和低龄组（70 岁以下），在此基础上进行主观预期寿命划分，由此形成了低龄组（主观预期寿命 5 岁以下、主观预期寿命为 5~9 岁、主观预期寿命为 10~15 岁、主观预期寿命在 15 岁及以上）和高龄组（主观预期寿命在 5 岁以下、主观预期寿命为 5~9 岁、主观预期寿命为 10~15 岁、主观预期寿命在 15 岁及以上）八个组别。

养老金。无论是何种类型的保障金，只要发挥养老保障作用即将其作为养老金来源，如农村地区的五保户、低保户等领取的保障金均纳入养老金的范畴，以此测量养老金作为老年人重要的社会支持所发挥的作用。老年人养老金的平均额度为2523元，但中位数值均在700元以下，绝大多数老年人的保障额度偏低，整体的保障水平亟待提高。

7.3.2.3 控制变量

控制变量包括基本的人口学特征变量与社会经济特征变量。性别作为二分类变量纳入分析，1为男性，0为女性。其中，女性占比为53.13%，略高于男性（46.87%）。年龄作为连续变量纳入模型，样本的平均年龄接近70岁。被访者的受教育水平处理为三分类变量，小学或文盲者超半数，达58.5%，受教育程度为初中者占比22.22%，高中及以上者不到2成，整体的受教育程度极低。这一特征与老年人所经历的特定时代有关，受教育机会总体偏少。老年人平均子女数为3.8个。

就社会经济以及宏观因素而言，城乡处理为二分类变量，并以农村老年人为参照，其中，城市户籍老年人占比（59.34%）略高于农村老年人（40.66%）。地区根据中部、东部、西部三分类处理，就样本所在的地区来看，东部地区占比超过4成，中部地区和西部地区的样本量比较接近，西部略低于中部。本书在已有医疗发生数据的基础上，将医疗费用在1000元及以上作为高医疗支付，且高医疗支出者占比超过4成；在此基础上，利用OLS建构医疗支出的函数关系并相应生成高医疗支出概率变量。自变量的具体操作与定义见表7-1。

表 7 - 1　　　　　　　　　　　　自变量及其分布

变量名称	变量定义及说明
主观预期寿命	分类变量，1 = 5 岁以下（3.40%）；2 = 5 ~ 9 岁（5.28%）；3 = 10 ~ 14 岁（69.95%）；4 = 15 岁及以上（21.37%）
转移收入	连续变量，平均值为 2523
性别	分类变量，1 = 男（46.87%）；0 = 女（53.13%）
年龄	连续变量，平均值为 69.36
受教育程度	分类变量，1 = 高中、中专及以上（19.28%）；2 = 初中（22.22%）；3 = 小学或文盲（58.5%）
子女数量	连续变量，平均值为 3.8
高医疗支出	分类变量，1 = 高医疗（40.21%）；0 = 低医疗（49.79%）
所在地区	分类变量，1 = 东部（41.2%）；2 = 中部（32.44%）；3 = 西部（26.37%）
城乡	分类变量，1 = 城市（59.79%）；0 = 农村（40.21%）

7.3.3　研究方法

本部分主要涉及描述性统计分析和模型分析。描述性分析对样本的基本情况、各变量的基本分布以及两变量之间的相互关系进行分析，具体采用单变量频数、比例以及样本均值等分析。由于因变量（消费水平）为连续性变量，故使用多元线性回归模型对变量之间的关系进行探讨，并利用普通最小二乘法进行估计，具体的分析模型如下：

$$Zy = \beta_1 \times Z_1 + \beta_2 \times Z_2 + \cdots + \beta_k \times Z_k$$

其中，因变量 Zy 为消费水平，β_1，β_2，$\cdots$，β_k 分别为主观预期寿命、社会支持以及社会人口经济学特征（包括性别、年龄、家庭子女数、城乡、转移收入、所在地区等）。

7.4　分析结果

7.4.1　描述分析

消费水平与主观预期寿命呈现负向相关关系，即随着主观预期寿命的不断延长，无论是总消费还是各分项消费，均相应下降（见表 7 - 2）。主观预期寿命从 5 岁以下上升至 15 岁及以上，总消费水平从 5018 元依次降至 3465 元，食品消费从 3369 元依次降至 2327 元，家庭基本服务消费从 891 元降至 316 元。尽管衣物消费与文化娱乐消费并没有完全随着主观预期寿命的增长而下降，但如果以 10 岁为分界线，主观预期寿命为 10 岁以下的老年人的消费水平显著高于 10 岁以上者。10 岁也相应成为划分相对高低消费的重要标尺，主观预期寿命在 10 岁以下的总消费以及各分项消费显著高于 10 岁以上者。

表 7 - 2　　　不同主观预期寿命老年人的消费水平　　单位：元

主观预期寿命	总消费	食品消费	衣物消费	基本服务消费	文娱消费
5 岁以下	5018	3369	441	891	316
5 ~ 9 岁	4568	3107	429	775	257
10 ~ 14 岁	3674	2504	366	652	183
15 岁及以上	3465	2377	347	606	135

资料来源：根据中国健康与养老追踪调查（CHARLS）数据整理而得。

进一步就消费结构来看（某个类别的消费占总消费的比重，见表 7 - 3），随着主观预期寿命的延长，食品、衣物消费占总消

费的比重逐次上升，服务、文娱消费占比则不断下降。主观预期
寿命从 5 岁以下上升至 15 岁及以上，食品消费占比、衣物消费占
比分别从 67.1%、8.8% 增至 68.6%、10.0%，文娱消费占比从
3.4% 逐年依次降至 2.4%。尽管各类消费占比并非随着主观预期
寿命延长而顺次增长，但基础性消费、文娱消费分别与主观预期
寿命呈现显著的正向、负向关系。不能忽视的是，无论处于哪个
年龄段的主观预期寿命，基础性的食品消费为老年群体主要的消
费部分，而文娱消费占比则非常有限。

表 7 - 3　　　　　不同主观预期寿命老年人的消费结构　　　单位:%

主观预期寿命	食品消费占比	衣物消费占比	服务消费占比	文娱乐消费占比
5 岁以下	67.1	8.8	17.8	6.3
5~9 岁	68.0	9.4	17.0	5.6
10~14 岁	68.1	9.9	177.5	5.0
15 岁及以上	68.6	10.0	17.5	3.9

资料来源：根据中国健康与养老追踪调查（CHARLS）数据整理而得。

借鉴李翔（2013）对于不同消费的归类，本书认为，食品消
费、衣着消费属于基础性生存消费，家庭基本服务消费、文娱消
费属于扩展性休闲消费。两种性质的消费与主观预期寿命之间呈
现迥然相反的关系特征，可能的原因在于，主观预期寿命越长
者，对自我的健康认知越积极，身体健康状况也相应越好，从而
对基础性消费需求也越大。高层次的休闲性需求属于基础性消费
以外的部分，与基础性消费发挥着不同的作用。对于绝大多数老
年人而言，未来存活的年限越长，已有的物质资源需要平滑的年
限越长，从而降低了个体用于当期消费的资源。尤其是在老年人
整体收入水平偏低、收入来源渠道少、财富积累有限的前提下，
用于平滑当期消费的资源更少。故主观预期寿命越高者，在物质
收入财富的限制下，用于消费的资源越少，尤其是用于文娱消费

的资源则更少。不同消费类别与主观预期寿命之间的关系一定程度上反映出老年人特有的消费困境，当年事过高，主观预期寿命的延长并没增加老年人的消费优势，反而因个体对未来更长期生存规划而忽视当期老年生活质量。

7.4.2 模型分析

本部分利用计量模型考察主观预期寿命、主观预期寿命与养老金的互动项对消费支出的影响（见表7-4）。为消除年龄对主观预期寿命的影响，在具体的模型分析中，根据年龄进行了分组。其中，高龄组为年龄在70岁及以上的老年人，低龄组为70岁以下的老年人，并与不同的主观预期寿命进行分组交互分析。为了体现不同类别消费受主观预期寿命的影响，分别以食品消费、衣物消费、基本服务消费以及文娱消费为因变量构建估计模型，分别考察纳入控制变量后主自变量对各因变量的影响。

表7-4 老年人消费支出的多元线性回归模型分析结果（OLS）

变量	食品消费	衣物消费	基本服务消费	文娱消费
低龄组（70岁以下）				
主观预期寿命10岁以下 = 参照				
主观预期寿命10~15岁	-2.119	-1.321	-0.997 +	-1.321
主观预期寿命15岁及以上	0.273 *	-0.162 *	-0.221 *	-1.162 *
高龄组（70岁及以上）				
主观预期寿命10岁以下	1.108	0.435	0.772	0.435
主观预期寿命10~15岁	-0.587 **	1.511 +	1.294	-1.511 +
主观预期寿命15岁及以上	-0.492	-0.211	0.873	-0.211 *
养老金				

续表

变量	食品消费	衣物消费	基本服务消费	文娱消费
交互项				
低龄组（70 岁以下）				
主观预期寿命 10 岁以下 × 养老金 = 参照				
主观预期寿命 10~15 岁 × 养老金	-0.893 +	1.391 *	-1.116	1.391 *
主观预期寿命 15 岁及以上 × 养老金	0.721	1.179 **	1.141 **	1.179
高龄组（70 岁及以上）				
主观预期寿命 10 岁以下 × 养老金	-0.117	-0.121	-0.091	1.367
主观预期寿命 10~15 岁 × 养老金	2.191	1.013	1.117	0.963
主观预期寿命 15 岁及以上 × 养老金	-0.211	1.211 *	3.081	3.618
性别（女）	0.156 ***	0.172 **	0.089	0.108
受教育程度（高中及以上）				
初中或中专	-0.577 **	-0.670 **	-0.334	-2.121 ***
小学或文盲	-0.620 *	-0.875 *	-0.653	-2.258 ***
子女数	0.08	0.492 **	0.327 ***	0.251 +
高医疗支出概率	0.321	-1.023 *	-0.337 **	0.341
城市（农村）	0.202 *	0.143	0.310 ***	0.226 +
所在地区（东）				
中	-0.14	0.149	-0.035	-0.066
西	-0.089	-0.342 *	-0.008	0.097
Prob > F	0.000	0.000	0.000	0.000
Adj-squared	0.211	0.287	0.192	0.189

注：*** 、** 、* 、+ 分别表示在 0.001、0.05、0.01、0.1 的水平上显著。

资料来源：根据中国健康与养老追踪调查（CHARLS）数据整理而得。

就食品消费来看，主观预期寿命越长，食品消费越高。由于主观预期寿命与个体的生理年龄正相关，为了克服生理年龄带来的感知偏差，基于生理年龄将老年人分成低龄组和高龄组。以低龄且主观预期寿命在 10 岁以下为参照，同为低龄组且主观预期寿命更长的老年人食品消费显著更高；而高龄组主观预期寿命长者的食品消费显著更低。根据主观预期寿命与养老金收入的互动项效应来看，养老金对主观预期寿命与食品支出之间的关系存在调节作用，一定程度上降低了主观预期寿命高者的食品消费。

就衣物消费来看，主观预期寿命高者衣物消费更低，且在低龄组和高龄组呈现相同的特征趋势；就互动项来看，养老金对主观预期寿命高者的衣物消费具有显著正向影响，即主观预期寿命越高者，养老金对其衣物消费的促进作用越大。就基本服务消费来看，主观预期寿命越高，基本服务消费越低，但养老金对高龄且主观预期寿命高者的老年人的基本服务消费的促进作用越大。就文化消费来看，主观预期寿命越长，老年人文娱消费越低，且在低龄组老年人中表现得更为突出；就互动效应来看，养老金对主观预期寿命为 10 ~ 15 岁的老年人的文化娱乐消费有显著正向作用。综合主观预期寿命对四类消费水平的作用机制而言，主观预期寿命与发展性的文娱消费、基本服务消费等正相关，与基础性的食品消费负相关。互动项的调节作用进一步表明，养老金有效调节了主观预期寿命与消费结构之间关系，从而带来消费结构的多元化，即在养老金的调节作用下，主观预期寿命正向促进了发展性消费而降低了基础性消费。

就控制变量来看，男性的食品、衣物等基础性消费显著高于女性；发展性消费上无显著性别差异。受教育程度越高，消费水平越高。与高中受教育程度者相比，受教育程度为初中或中专者总消费水平显著低 0.604%，受教育程度为小学的老年人消费水平显著低 0.712%。受教育程度越低者，食品消费、衣物消费以及文娱消费等分项也越低。一方面，受教育程度较高者对应的社会经济地位较高，面临的不确定性风险更低，通过降低不确定预期促进消费水平的提高；另一方面，受教育程度较高者的文娱消费优势明显，这源于他们思想观念前卫、追求基本物质需求以外的多元化的文化需求。当然，这种需求与经济条件和购买力紧密相关。反之，受教育程度越低者，社会地位、经济实力也偏低，更多需求基础的衣食类消费，文娱消费是"触不可及"的奢求。医疗支出越高，老年人的衣物消费、基本服务消费越低，对消费水平的制约也越大。东部地区老年人的消费水平略高于中西部地区，但消费优势不甚明显。反映代际支持的间接性指标——子女数量正向促进老年消费水平，且在各分项消费中通过显著性检验。显然，子女所提供的资源在保障老年父母生活质量上发挥重要作用，少子或无子女家庭在满足老年消费多元化方面的劣势尽显。农村老年人的消费劣势延续至多方面，表现出绝对的有效消费不足。

7.5　结论与讨论

老年心理认知是随着躯体功能弱化、社会角色转变等呈现出的综合情感体验。一方面，随着躯体功能的不断弱化，如记忆减退、行动受限、疾病增加等，个体思维能力下降；另一方面，离退休、再就业机会的代际取代、经济地位逐渐边缘化等社会参与弱化，促使老年人自我价值再思考。在家庭养老仍然占据主导地位的现实情境下，老年人如何安排和规划更长期老年阶段生活，亦是老年自我价值反思的重要呈现。本章从老年感知到的未来生命空间出发，利用微观调查数据，基于老年心理性因素，围绕老年重要的心理认知面向——主观预期寿命，探讨了主观预期寿命与消费之间的关系，并将养老金作为重要的调节变量，探究了相互之间的作用机制。

首先，老年消费水平低、消费结构单一，以基础消费为主，文娱消费为辅。国家统计年鉴同年度数据显示，居民的平均消费水平为4128元，其中，食品消费、衣物消费、基本服务消费、文娱以及教育消费分别为3823元、1026元、1937元、802元。而本部分数据结果显示，老年人的四项消费类别的消费水平分别为2804元、365元、748元、210元。国家统计局发布的居民消费数据将文娱、教育合并为一类，没有进行细分，而老年人几乎不存在教育支出，文娱消费指标缺乏一定的可比性；然而，老年人食品、衣物、基本服务等消费的相对劣势反映了老年消费严重偏低的事实。老年消费水平偏低、消费结构单一的事实也进一步佐证了第2章有关老年消费边际倾向偏低的判断。如果从动态的消费变迁视角出发，那么一定程度上将更利于解释消费行为的作用机理。在第8章将从该视角进行详尽讨论。

其次，老年消费决策的"计划者"角色制约了消费水平的提高。行为生命周期是对生命周期理论完全理性假定的改进，它引入社会心理学视角，使之更符合个体生活中的经济活动与经济行为（Shefrin & Thaler, 1988）。人们在进行消费决策时，总是陷入"现实消费"还是"推迟消费"的双重偏好结构矛盾中，矛盾选择的方向决定了行为的结果。"行动者"关心眼前利益、享受当下，追求片刻的享受而忽视对未来更长期的规划；"计划者"则追逐长期利益，倾向于对未来更长期的规划，并将现在财富、物质、资源等与未来的风险、收益等相结合，从而有效安排更长期的经济活动以实现效用最大化。主观预期寿命高者的消费决策多体现"计划者"特征，消费水平低、消费结构单一，尤以文娱消费最低；主观预期寿命低者则呈现"行动者"特征，消费水平高、消费结构相对丰富，文娱消费优势明显。

不确定性预防性储蓄理论对消费者谨慎动机也进行了相关解释，并认为未来的收支不确定性及波动因素是影响消费决策的关键。不同主观预期寿命群体对未来不确定性感知相异，从而消费偏好、消费心理、消费选择亦相差甚远。在不确定预期储蓄理论的指导下，老年人主观预期寿命越长，对应的储蓄动机越强烈，从而弱化当前消费动力。本章并非简单认为主观预期寿命延长在降低消费水平与生活质量上的弊端，而是论证了更长的预期寿命强化了老年消费者的"计划者"角色，由此导致有效消费不足。中国人自古以储蓄为上，老年人历经落后年代的物质贫穷，朴素、节俭、求实等预防式动机往往较年轻人更强烈。特别是在老年期收入不足、收入获取来源较为单一的现实约束下，社会资源交换劣势、代际资源向下转移以及疾病支出风险等生理性、社会性特征将进一步强化储蓄动机，以应对未来更长期的风险和不确定性因素。关于老年角色定位问题，曾出现过"长寿是社会和家庭最大的财务风险"以及"老年无用论"等片面观点，该判断多从消费人口出发探讨老年价值，无形中也限定了老年消费的外生环境。随着老年人口红利开发以及延迟退休等政策的推行，有关老年消费人口的定位正不断发生调整和变化，老年再生产劳动红利将越来越凸显，这将是未来促进老年消费红利的新窗口。

最后，养老金有效促进了主观预期寿命与消费水平之间的正向关系。就直接效应来看，养老金不仅提高了总的消费水平，而且对文娱消费的促进作用更大。就调节效应来看，养老金有效促进了主观预期寿命高者的消费水平。养老金作为转移支付的重要部分，不仅是老年人获取经济保障的关键来源，也是老年人重要的社会资源和社会支持。主观预期寿命高者消费水平偏低，但在养老金的正向调节作用下得到缓解，并正向促进消费水平的提高。就消费类别来看，养老金对主观预期寿命与基础性消费之间作用的调节影响小，对文娱性消费作用大。社会平均预期寿命提高是社会进步的重要标尺，是共治共享社会发展成果的显现，如果配套更为完善的养老制度保障体系，不仅有利于满足老年基础性消费需求，也有助于实现多元化发展需求。

从宏观经济社会出发，延迟退休、提高劳动参与率是合理应对长期养老规划的重要方式，亦是从老年人力资源、老年人口红利出发对于老年价值的再探索，为微观个体提供了行动方向。对于老年人个体而言，主观预期寿命直接决定了未来养老规划与安排的周期跨度，计划者与行动者的角色关系也表明了追求即时效用与长期效用之间的关系与区别。老年人未来生命期的长度，阐明了提前储蓄安排的必要性，从而为更晚年的生活提供必要保障，以维系特定生存质量需要。诸多研究表明，国内外的老年人均已经陷入特定的退休消费之谜，退休后个体的储蓄意愿反而更高，消费意愿相应更低。特别是在重殓厚葬的文化氛围下，身后事似乎比生前的消费质量更为重要。本质上来看，老年人基于对自己未来生命周期判断的同时，亦在忧虑更长期的养老安排，其内在的核心在于老年个体对于未来物质成本变动以及支付能力的压力乃至恐惧。

第8章 时期、队列、年龄与老年消费

　　基于老龄理论体系中的生理性、社会性以及心理性等老化特征的三维度理论，构建属于老年身份的不确定性多重情境预期。个体所面临的差异、区别均是一组组特殊情境的来源，情境的多重性决定了不确定性的多样性，从而导致个体应对行动的差异。以上诸多影响均发生在特定的时空当中，而生命历程恰好提供了行为研究的时空视角。从时间因素出发，老年所处的年龄、出生队列以及特有的时期在一定程度上决定了个体行为选择的差异，且对生物性、社会性或生理性因素与消费之间的关系予以调节，也即诸多老化特征对老年消费行为的影响受时间因素的作用。从空间因素出发，老年人经历的社会背景、生活事件等均是某类行为选择的决定因素，而不同老化特征本身既是影响消费的因素，也构成独特的生活事件影响老年消费支出乃至消费结构。本章在前面不同理论因素分析的基础上，纳入生命历程的视角，动态分析时空变迁对老年消费的影响。

8.1　研究背景

　　随着人口老龄化持续深化，老年成为当代消费市场的"新贵"，其所蕴含的消费潜力被积极预估。全国老龄委发布的《中国老龄产业发展报告（2014）》估计，2014～2050年，老年人口的消费潜力将从4万亿元增长至106万亿元，占GDP的比例从8%增至33%，届时我国将成为全球老龄化产业市场规模最大的国家。随着社会经济大幅发展，绝大多数历经物质条件匮乏的一代相继步入相对富足的中晚年，收入水平大幅提升、收入来源增多，为老年产业与老龄经济发展提供重要契机（乐昕、彭希哲，2016）。然而，老年有效消费长期不足，消费提升空间大（乔晓春，2019）。全国老龄办"第四次中国城乡老年人生活状况抽样调查"数据表明，2010～2014年，我国城镇老年人和农村老年人的年人均消费支出分别增加11.88%和75.88%，远低于同期城镇和农村居民年人均消费支出增幅（48.23%和91.35%）。诸多消费理论表明，收入是决定居民消费的根本因素，但似乎在解释老年消费的行为机制中尚缺乏更有效的依据。一方面，随着社会经济增长，老年人口的收入总量并不小，消费支出却有限，收入对消费不存在显著的制约作用；另一方面，我国老年收入尚远没有达到消费倾向递减的程度，消费滞后于收入的动态增长幅度明显（周环，瞿佳颖，2005）。显然，收入以外的其他特定因素对老年消费可能具有更为重要的影响。

基于已有消费理论，消费活动的发生除了依托收入所必须构建的能力因素外，行为主体的消费欲与心理驱动也是必要的前提条件。社会经济发展的不同阶段、宏观社会所处的不同的技术变革时期，一定程度上提供了不同特征群体消费欲乃至消费行为形成的独特机制。老年群体内部的年龄、队列等分化亦是时代变迁的缩影，重塑人口老龄化与消费活动之间的复杂联系。不同经济发展阶段中的人口老龄化所对应的消费水平有别；当前的和过去的、未来的老年人口的消费方式亦不同（乐昕，2015）。不同时期、不同出生队列老年人的身份特征以及所经历的生活空间和宏观社会变迁差异，一定程度上提供了研究中国老年消费行为决策的有效视角。在生命历程理论的框架体系下，以年龄为轴线，形成了两种主要的研究路径：一是历史的动态时空视角；二是事件史分析视角（李强、邓建伟、晓筝，1999）。该理论侧重于探讨外在的社会变迁对个人生活与发展的影响，将个体的生命历程理解为由多个生命事件构成的序列并将其作为社会力量和社会结构的产物，为分析不同时期、不同队列、不同年龄等特征老年群体的消费行为提供了有力依据。

本部分从宏观的社会变迁以及老年人所独特的生命序列事件出发，探讨老年消费行为的同龄群体效应与同期群体效应，重点围绕时间维度上的年龄、时期、队列因素并将其作为社会变迁的刻度，并将老年生理性因素置于动态的时空变化中，以分析中国老年消费的特征规律，从而为合理解释老年实际消费与潜在消费之间可能存在的矛盾和差异提供一定的理论和现实依据。

8.2　文献综述

相比较西方老龄化程度高的国家，我国人口老龄化起步较晚、发展迅速。随着老龄化程度持续加深，有关老年消费的研究不断丰富。具体而言，我国老年消费相关研究分为三个阶段：一是萌芽阶段。20 世纪 80 年代中期，基于国外人口老龄化发展与应对规律，国内老龄人口规模快速增长所带来的老年潜在消费能力逐渐受到社会以及学界的密切关注（张纯元，1994）。二是发展阶段。老年消费潜力对应的老年消费市场、老年消费特征、老龄事业以及老龄产业的建设等主题成为该时期的重要议题（任远，1995）。三是深化阶段。随着老年人权利保障与生活福利等议题被重点关注，老有所依、老有所养、老有所乐等热点问题相继提出，如何完善老年人的消费权利，完善老年人的物质消费基础，成为该阶段的新命题（乐昕、彭希哲，2016）。此阶段的研究主题涵盖了老年消费的潜在规模、老年未来消费市场的预测、基于消费的老龄产业构建、老年权益保障与老年价值等多方面（王金营、付秀彬，2006；陈俊华、黄叶青、许睿谦，2015；杨立雄，2017；胡湛、彭希哲，2018）。

老年消费不仅具有一般居民消费属性，也有依托老年特征而存在的特殊消费属性。作为居民消费的重要构成部分，老年消费需求不仅涵括衣食住行、休闲文化等一般性群体需求，也包括养老服务、医疗保健、照护服务、老年用品、老年专项服务等彰显老年身份的特殊需求（吴玉韶，2014）。作为一般经济个体，已有的居民消费理论对老年消费行为具有广泛的实用性，无论是凯恩斯收入—消费理论，还是有关储蓄、预期储蓄、收支预期以及不确定性等对消费行为的影响（Carroll, 1997; Carroll & Dynan, 2003; 高瑷、原新，2020）。作为特殊消费者，围绕老年期的生理性因素的医疗支出是制约老年其他基本日常消费、引致老年贫困的重要因素（Palumbo, 1999; Yogo, 2016）。从生命周期视角来看，65岁以上老人发生的医疗费用占了一生中总医疗支出的80%以上；无论行为主体在年轻时物质积累多与寡，老年伴随高发的医疗风险所带来的不确定性预期均会导致老年适度降低当前消费以平衡未来收入或财富衰减的速度（Martin & Crossley, 2001）。这种消费的制约机制在社会保障的保护作用下将一定程度上予以缓解（丁继红、应美玲、杜在超，2013）。

消费作为一种经济活动，购买力因素始终不能忽视。已有关于老年群体购买实力的研究呈现出两种相异的观点。第一种观念认为，随着社会经济水平的发展以及居民人均收入的快速增长，老年消费者已经具备一定的购买力。随着社会经济发展以及居民收入快速提高，老年收入来源也快速增多，退休金、再就业收入以及家庭代际支持等为老年人带来的购买力不容忽视（马芒、张航空，2011）。社会需适度改变对老年人的传统刻板印象，老年人特别是退休老年人将成为社会消费市场难以容忽视的部分（胡湛、彭希哲，2018）。传统老年群体消费不足、收入有限的格局已经成为过去式，现代老年群体已经具有了较好的购买力，老年群体的消费水平甚至有超过全体居民的趋势（乐昕，2015）。冯丽云（2004）以北京老年群体为研究对象，认为老年群体的收入来源增多，除了退休金、再就业收入，子女的代际支持也较为富足，购买实力不容忽视。另一种观点则认为，老年群体处于特殊的生命阶段，人力资本衰退，同时受制自身收入水平、储蓄能力等，老年人的购买能力十分有限。陆杰华（2000）从收入水平和储蓄出发考察老年人的购买力，研究发现，老年人有存款的比例偏低，尤其以农村地区老年人存款比例最低，无任何存款的农村老人达到了 86％之多；更为窘迫的是，有存款的老年群体占比随着年龄的增长而不断降低，且城乡老年群体呈现了高度一致的特点。从侧面不难看出，中国老年群体的购买实力是随着年龄而不断下降的；尽管老年人的收入渠道相对较多，但不同身份群体的收入水平差距甚大。唐雄英（2011）发现，农村老年人的代际支持、国家补助、劳作收入等每年不到 200 元，其中自己的劳作收入贡献占比超过 4 成；农村退休教师的月平均收入约为 1500 元，退休金占了近 90％；农村退休干部月平均收入约为 900 元，国家补助和退休金收入也占到 80％以上；老年农民工、个体户等月平均收入约为 500 元，其中自己劳作占了 8 成之多。从不同身份的农村老年人的收入构成来看，子女的代际支持是微乎其微的，除了正规职业退休的老人拥有不菲的退休金保障外，其余身份的农村老人仍然主要依靠自己的劳作才能维持其基本购买力以及物质生活基础。

为什么老年群体的购买力在不同的研究中呈现出迥然相异的结论？可能的原因在于以下几个方面：一是地区差异。陆杰华（2000）发现，北京市城市老年人的平均月收入呈现不断增长的态势，比同时期其他地区老年人的收入优势明显。唐雄英（2011）也发现，城市老年人有存款的比例高出农村老年人近 4 成。林倩茹、罗芳（2014）对比了不同地区的老龄化程度以及老年人支出情况后，发现在老龄化程度接近的地区，经济发达之地的老年人消费占居民消费的比重明显高于经济稍显落后之地。区域差异表面上折射的是地理分割，但实际凸显了区域的经济发展的不平衡，并由此带来经济结构、社会保障体系等的千差万别。二是时代差异。不同研究针对老年群体购买力的分析并非处于某一固定的年代，不同研究着眼的年代、时期均有差异。早期的中国，物质基础匮乏、贫富差距不明显、社会整体的购买力低下，随着社会经济发展，物质财富不断积累，人群之间的差异也日益凸显，造成不同身份群体的消费购买力发生了巨大的分化。但是，难以忽视的一个矛盾是，纵向来看，尽管老年群体整体的经济实力随时间推移得到极大提升，但是与同时期其他群体横向比较上的老年弱势仍需要更严谨的探讨与斟酌。三是身份差异。不同职业类型、身份地位群体所拥有的物质资源、社会保障、国家补贴等的程度不同，导致个体收入获得的千差万别，从而依附收入的购买力也呈现迥然相异的状态。

收入固然成为影响消费的直接因素，但是老年人对比青年群体而言，因其成熟、理性的态度使其消费行为受收入波动的影响远低于年轻群体（原新，2002），老年实际的消费行为仍具有讲求便利性、追求群体性、注重实用性等特征（赵昭、张晨，2015）。任远（1995）曾将老龄消费市场划分为老衰老龄者市场、退休老龄者市场、兴趣老龄者市场三类，不同类型消费市场各具特点，对应的消费水平亦差别甚远。随后，大量研究从市场学、营销学等的角度，对老年人的消费心理和消费习惯进行了探讨。例如，陈俊勇（2005）认为，老年群体的消费特征呈现出稳定、节俭以及追求基础保障等特点。应斌（2009）将老年消费心理区分为传统型和现代型，其中，传统型老年消费者具有心理惯性强、价格敏感度高、注重实际、补偿性消费等特征，现代型老年群体的消费观念偏向年轻化、消费心理成熟化、家庭角色弱化、补偿心理强化；传统型老年群体的消费行为稳定，随收入波动的变化小，而现代型老年群体的消费行为逐渐向年轻人靠近，开始追求消费的多样化与复杂化。赵昭、张晨（2015）则认为，随着社会经济发展，老年群体的收入来源多样化，且比过去拥有了很大的购买力，但老年消费仍具有讲求便利性、追求群体性、注重实用性的特征，从而导致老年群体仍然倾向于勤俭、节约的消费模式。由此看来，即便是具备同样的购买力，拥有不同特征消费观念的老年群体的消费行为也千差万别。可见，老年消费行为复杂多样，除了伴随老年生理性、社会性、心理性等特征因素外，不同年龄、不同世代老年人因经历、认知不同而带来消费心理、消费行为差异迥然（王菲，2013），呈现传统与现代并存（应斌，2009）、理性与非理性交织、谨慎与补偿性兼容（吴敏，2019）等多重消费特征。与此同时，老年生理性、社会性、心理性等特征因素与时空因素互构互建，共同决定了老年复杂的消费行为。

总体而言，老年心理性的医疗支出风险以及社会性的老年购买力是限制老年消费的重要因素，但并不是唯一决定因素；时空差异、群体差异、禀赋差异及其带来的消费观念和消费行为差别也理应成为解释老年消费不足的重要原因。基于老年复杂的消费特征以及老年特有的消费需求，不妨认为不同年龄、不同出生队列以及处于不同时期老年人的消费习惯、消费心理及其作用下的消费行为存在差别，并基于收入—消费关系而形成符合老年身份的新的消费特征。据此，本部分从生命历程视角出发，围绕老年人所经历的社会变迁与宏观经济发展所处的不同阶段，动态分析年龄、队列与时期等因素对老年消费行为的影响，重塑老年消费特征，为准确把握老年人消费特征、满足不同层次消费需求等提供理论依据和经验证据。

8.3 变量与方法

8.3.1 数据来源

本节采用中国家庭收入项目（CHIP）1996 年、2003 年、2008 年、2014 年以及 2018 年 CHARLS[①] 等多个调查时点的数据。CHIP 数据是由中国收入分配研究院主导调查的多期截面数据，样本对象覆盖全国多个省份，涵盖城镇住户样本、农村住户样本以及流动人口样本三个群体，调查内容涵括住户的收入、消费、基本社会经济学特征等多样化信息。鉴于三类群体特征差异明显

---

① 前面已有相关数据介绍，此部分省略。

及其可能带来的消费行为差异，本书仅选取了城镇样本。在具体的分析过程中，保留 CHARLS 数据中与 CHIP 相同变量的城镇样本进行合并以确保数据的连贯性以及数据描述的时效性。已有关于老年相关问题的诸多研究中也有使用合并数据的先例。早在 2010 年，澳大利亚的一项研究将 9 项全国和地方性的跟踪调查数据合并，从而克服单一数据样本量不足的问题（Anstey et al.，2010）；国内一项关于老年失能规模测算的研究将 2010～2011 年的大型专项调研数据进行合并，并得到了未来老年失能规模的初步判断（张文娟、魏蒙，2015）；郭秀云（2019）将 2014 年中国老年人健康长寿影响因素调查、2015 年 1% 人口抽样调查、2015 年中国城乡老年人口生活状况抽样调查等合并，并重点关注上海地区老年人口的失能水平和需求照料时间；在一项农民工消费变化的动态研究中，合并了 CHIPS、CLDS 和 CGSS 等微观调查数据，并将其作为"伪面板"进行动态分析（杨琦、尹华北、张振环，2020）。

消费既是个体活动也是镶嵌在家庭内部的集体活动。在已有的研究中，研究对象或以个人为单位或以家庭为单位。本部分的消费支出和收入数据以家庭为单位，在选择家庭特征时则以老年户主或具有消费决策权的老年人为典型代表，探讨老年及其家庭消费特征。户主作为家庭中的"家长"，一定程度代表了其在家庭中的发言权和表决权，将老年户主作为消费决策中心有一定的现实依据和可行性。在实际的数据分析中发现，老年户主独居或仅与配偶居住的比例超过 4 成，此时个人行为则上升至家庭层面的意义。值得注意的是，本部分并非探讨某个个体在家庭中相对的地位，而是以老年身份为切入点探讨老年消费的动态变迁。由于调查时期前后长达 20 年之久，故在选取研究对象时，考察到调查时点的纵向推移，将研究对象的年龄下限设定为 45 岁。根据具体的调查数据以及剔除不符合要求样本，最后纳入分析的样本总数为14839个，五个调查时点的样本数分别为3408个、4086个、3167个、4178个、3617个。

8.3.2　变量设定

因变量：消费支出。与前面的界定保持一致，本部分所设定消费为稳定性的、维持日常生活的消费部分，包括食品、衣物、家庭基本服务、通信等基本消费，而风险性、不经常发生的医疗支出作为影响老年人稳定日常消费的自变量纳入分析。值得注意的是，医疗消费与年龄具有较强的相关关系，年龄越大机体功能越弱，对应的医疗消费支出也越多，而本节所使用的年龄—时期—队列（APC）模型刚好提供了控制年龄效应下的消费行为。因变量作为连续变量纳入分析，样本的平均家庭消费支出为19792元。

我们所关心的时间维度的变量是以户主为代表的年龄（45～102岁）、出生队列（1972～1907年）以及观测时期（1995年、2002年、2007年、2013年、2017年）。根据时间维度变量的分布以及研究的需要，将出生队列进行分组处理，临近的三个出生队列的样本被作为一个类别，受限于样本规模的大小将1920年之前、1960年之后的队列合并为一个，中间的三个队列一组，由此产生了1920年前、1921～1923年、1924～1926年、1927～1929年、1930～1932年、1933～1935年、1936～1938年……1957～1959年、1960年后共15个出生队列。

基于已有研究，控制变量包括户主或家庭主要决策者的基本人口学特征变量（性别、民族、是否有工作、婚姻状况、受教育年限）以及家庭人口规模、家庭收支变量（家庭收入、医疗风险）。性别处理为二分类变量纳入模型，1 为男性，0 为女性；其中，男性户主占比为 68.27%，女性户主占比为 31.73%。民族处理为二分类变量，1 为汉族，0 为少数民族，汉族户主占比（76.17%）远高于非汉族（23.83%）。婚姻作为二分类变量纳入分析，1 为在婚，0 为不在婚，绝大多数被访者（86.73%）处于在婚状态。工作状态作为二分类变量纳入模型，1 为在业者，0 为不在业者，在业的比例（49.29%）略低于不在业者（50.71%）。户主的年龄作为连续变量纳入模型，平均年龄为 58.72 岁。家庭户规模处理为连续变量，平均规模为 2.41 人。受教育年限同样操作为连续变量，户主的平均受教育年限偏低，约接近初中毕业。家庭平均总收入为 42408 元，在本章的模型分析中，将其对数化处理以消除极端值的影响。根据数据可及性，在分析时期动态变迁与消费行为的关系时，也围绕生理性因素探讨医疗风险在时期动态变迁中对消费的作用。医疗风险变量难以直接获取，根据医疗支出与家庭收入的相对比值作为其代理测量，并将医疗支出占家庭总收入超过 10% 的样本处理为高医疗风险者，其余比例的样本作为低医疗风险者。根据分析结果，高医疗风险者占比接近 3 成，低医疗风险者占比约为 7 成。本节也将人均 GDP 作为时期层次和队列层次的变量并分析其对老年消费的影响，以重点考察动态的时空因素的作用机制。变量的操作及具体的分布见表 8 - 1。

表 8 - 1　　　　　　　　　　变量基本分布

变量	变量操作及解释	均值/比例
因变量：消费支出（元）	连续变量，稳定性的年消费支出；最小值为 0，最大值为 91738.1	19792
第一层自变量		
年龄（岁）	连续性变量，最小值为 45，最大值为 102	58.72

变量	变量操作及解释	均值/比例
民族	二分类变量，1 = 汉族，0 = 少数民族	76. 17%
工作	二分类变量，1 = 在业，0 = 不在业	49. 29%
婚姻状况	二分类变量，1 = 在婚，0 = 不在婚	86. 73%
教育年限	连续性变量，最小值为 0，最大值为 21	10. 37
医疗风险	二分类变量，1 = 高医疗风险，0 = 低医疗风险	29. 10%
性别	二分类变量，1 = 男，0 = 女	68. 27%
家庭规模	连续变量，同住人口数；最小值为 1，最大值为 9	2. 41
总收入（元）	连续变量，家庭总收入；最小值为 0，最大值为 502182	42408. 51
第二层自变量		
时期	四个调查时点，最小值 1995，最大值 2017	
队列	三年一组队列，最小值 1907，最大值 1972	
人均 GDP（元）	连续变量，最小值 5046，最大值 59660	28629. 20

8.3.3 分析方法

以时间维度上的年龄（age）、时期（period）、队列（cohort）为社会变迁的刻度，从生命历程的视角动态挖掘老年消费行为。杨杨、兰德（Yang & Land,2006）设定分层 APC 交叉分类随机效应模型（hierarchical APC-cross-classified random effects models, HAPC-CCREM），考虑到年龄、时期、队列之间的完全共线性问题，将年龄设定为固定效应，而时期和队列为随机效应。将消费设定成固定效应年龄的二次曲线，模型具体设定如下：

个体层面模型（第一层）：

$$Y_{ijk} = \beta_{0jk} + \beta_1 AGE_{ijk} + \beta_2 AGE_{ijk}^2 + \beta_3 X_{ijk} + \varepsilon_{ijk} \tag{1}$$

其中，Y_{ijk} 为时期 j 和队列 k 的老年户主 i 的消费支出；β 为回归系数，ε_{ijk} 是个体层的随机误差，X_{ijk} 为个体层次的控制变量（包括医疗风险、性别、教育年限、婚姻、民族、工作、家庭收入、家庭规模等）。

时期和队列层面模型（第二层）：

$$\beta_{0jk} = \gamma_0 + u_{0j} + v_{0k} \tag{2}$$

其中，γ_0 为截距，μ_{0j} 与 v_{0k} 分别为队列和时期效应，均服从正态分布，对应的总方差分别为 τ_{0u}^2 和 τ_{0v}^2。

将第一层和第二层模型相加后：

$$Y_{ijk} = \gamma_0 + \beta_1 AGE_{ijk} + \beta_2 AGE_{ijk}^2 + \beta_3 X_{ijk} + u_{0j} + v_{0k} + \varepsilon_{ijk} \tag{3}$$

当进一步围绕老年关切的健康因素即医疗风险时，队列和时期对其斜率将产生随机效应。在个体层面模型（2）中再加入一组第二层模型：

$$\beta_{3jk} = \gamma_3 + \mu_{3j} + v_{3k} \tag{4}$$

其中，γ_3 是变量 X_{ijk} 的固定系数，μ_{3j} 是该队列变量的随机效应，v_{3k} 则是时期变量随机效应。

8.4 分析结果

8.4.1 年龄与老年消费的倒"U"型关系

基于 APC 交叉随机效应模型的分析结果（见表 8 - 2），年龄与消费之间并非呈现单调线性关系。模型（1）作为基准模型，单独分析年龄、时期、队列等动态时间因素对老年消费支出的影响，模型（2）在模型（1）的基础上纳入个体层面的控制变量，模型（3）在模型（2）的基础上进一步加入时期和队列变量，分别为人均 GDP 与医疗风险。个体层面的年龄以及年龄的平方对消费均具有显著影响，且年龄的平方负向作用于消费支出，即消费随年龄的增长呈现先上升后下降的倒"U"型曲线变动趋势。虽然年龄的平方对消费的作用系数偏小，但在三个模型中均通过显著性检验，且对消费的影响稳定。相比较高龄以及低龄老年人，中龄老年人多处于退休与且健康良好状态，也处于时间、金钱、精力相对充分时期，家庭消费决策的灵活性和自主性更大，相应的消费水平也更高。与此同时，高龄老年人面临的高医疗保健风险降低了稳定性消费支出，而低龄老年人未来不确定的收支预期可能一定程度上弱化了消费决策行为。

表 8 - 2　　　　　　APC 交叉分类随机效应模型估计结果

固定效应	模型（1）		模型（2）		模型（3）	
	系数	标准误	系数	标准误	系数	标准误
个体层面变量						
截距	9.421***	0.303	2.192***	0.184	2.044*	0.178
年龄	0.018***	0.000	0.012*	0.005	0.011***	0.005
年龄平方	-0.002***	0.000	-0.001***	0.000	-0.001***	0.000
性别（女）			0.041***	0.008	0.036***	0.008
婚姻（不在婚）			-0.011+	0.005	-0.009**	0.004
教育年限			0.005***	0.001	0.005	0.042
有工作			0.005	0.032	0.007***	0.017
家庭规模			0.046***	0.011	0.044**	0.010
民族（少数民族）			-0.017**	0.006	-0.017***	0.006
家庭收入			0.704***	0.012	0.702***	0.011
患病风险（低）					-0.068***	0.008
随机效应方差						
时期						

续表

固定效应	模型（1）		模型（2）		模型（3）	
	系数	标准误	系数	标准误	系数	标准误
截距	0.357 **	0.130	0.014 **	0.006	0.178 **	0.064
人均 GDP					0.020 **	0.007
队列					0.012 ***	0.002
截距	0.056 ***	0.008	0.008 ***	0.002	0.022 **	0.007
患病风险（低）					0.017 ***	0.004
拟合度 BIC	4961.32		17289.14		17453.28	

注：*** 、** 、* 、+ 分别表示在 0.001、0.05、0.01、0.1 的水平上显著。

资料来源：根据中国收入分配研究院实施的中国居民收入调查数据（Chinese Household income Project，CHIP）整理而得。

8.4.2　老年消费的时期和队列效应

消费的时期效应以及队列效应在三个模型中呈现较为一致的影响，即老年人所处的时期和出生队列不同，消费行为也迥然相异。从模型（1）到模型（3），对应的个体层面与第二层面的变量不同，随机时期效应和随机队列效应的系数虽有所变化，但总体的显著性检验通过。当将老年生理特征维度的医疗风险作为队列变量纳入分析后［见模型（3）］，发现医疗风险对老年消费的影响存在显著的队列效应，且与高医疗风险者相比，低医疗风险老年人的消费水平的对数显著高出 0.068。疾病作为个体生命历程中重要的序列之一，围绕它探讨老年人在社会变迁中所呈现的消费特征具有重要价值。为了清晰阐述消费的时期效应和队列效应以及处于不同医疗风险状态个体的消费特征，以下将随机效应依次体现在图 8-1 至图 8-3 中。各图的纵轴为时期或队列对消费的效应系数，反映的是时期或队列对消费的影响作用程度而非具体的数值。当系数大于 0，表示时期或队列对消费的影响为正；
反之，则为负。

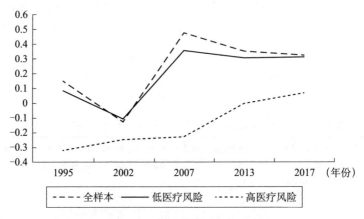

图 8 - 1　老年消费的时期效应趋势

资料来源：根据中国收入分配研究院实施的中国居民收入调查（CHIP）和中国健
康与养老追踪调查（CHARLS）数据整理而得。

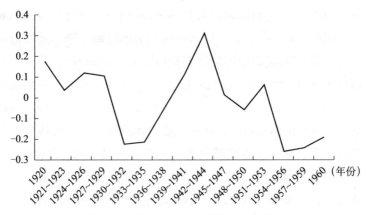

图 8 - 2　老年消费的队列效应变化趋势

资料来源：根据中国收入分配研究院实施的中国居民收入调查（CHIP）和中国健
康与养老追踪调查（CHARLS）数据整理而得。

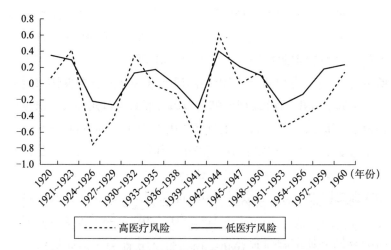

图 8 - 3 不同医疗风险状态下老年消费的队列效应变化趋势

资料来源：根据中国收入分配研究院实施的中国居民收入调查（CHIP）和中国健康与养老追踪调查（CHARLS）数据整理而得。

8.4.2.1 时期效应

总体而言（图 8 - 1、图 8 - 2 显示的结果均为纳入了控制变量的净效用），老年消费水平随时期推移呈现上升趋势，但于 2003 年断点式下降。进一步区分医疗风险子样本后发现，高医疗风险老年人的消费水平随时期变动的劣势效应明显，但该趋势在 2013 年发生逆转，并逐渐向低医疗风险者的消费水平靠近。随着时代进步以及社会发展，消费理应呈现同样增长变动趋势，但全人群以及高低医疗者的消费水平并未保持相应的发展特征，且时期的负效应突出集中于 2003 年调查时点。这可能是源于 2002 年底突发并持续至 2003 年的"非典"对消费和经济发展的负向影响，在拉低居民整体消费的基础上也导致老年消费水平的降低。随后，国家步入快速发展阶段，居民消费随社会经济发展欣欣向上，并于 2008 年达到顶峰，而后在 2017 年略微降低。虽然老年人收入较过去提升明显且收入来源增多，但相比较西方发达国家，我国老年人普遍财富物质积累有限，对支出风险性因素较中青年群体似乎更敏感，导致医疗支付风险成为干扰老年消费决策的重要负向因素。时代发展以及物质生活水平的提高也快速滋生了老年健康需求，伴随而生的医疗保健支付以及健康储蓄动机也一定程度上压缩了其他稳定性的日常消费，但该抑制效应在社会医疗保障制度不断健全的新时期逐渐减小并朝积极利好的方向发展。

8.4.2.2 队列效应

相比较时期效应，老年消费的队列效应更突出，队列之间呈现高低错落之势。如图 8 - 2 所示，消费偏"高"的队列发生于 1930 年前出生队列以及 1940～1950 年出生队列，虽然这两个出生队列之间并非保持严格的正向消费趋势，但总体消费优势明显；消费下降拐点的"低值"则分别隶属于 1930～1940 年出生队列以及 1953 年后出生队列。为了对消费的队列效应进行有效解释，在已有研究基础上，根据老年人出生队列及其成长经历的社会变迁（见表 8 - 3），本部分将老年人划分成四种类型，分别为传统老年人（1940 年前出生队列）、传统向现代转变的过渡型老年人（1940～1950 年出生队列）、现代老年人（1950～1960 年出生队列）以及"新"老年人（1960 年后出生队列）。四类群体所处的社会经济、现代化技术变革以及成长环境的差异，决定了其物质条件与经济收入的差别，塑造了独特的消费观念与消费行为。

表 8 - 3　　　　　　　　老年世代划分

出生队列	社会变迁与成长环境	世代类型
1940 年前出生队列	战火纷飞、动荡不安的童年，物质极其匮乏的中青年，艰苦朴素、物质依然匮乏的晚年，物质财富快速积累的高龄期	传统老年人

续表

出生队列	社会变迁与成长环境	世代类型
1940～1950 年出生队列	动荡的童年，新中国成立初期的少年，遭遇困难时期、面临大饥荒的青年；改革开放、物质财富慢慢积累的中年，遇上城镇职工养老金制度改革，相对富裕的晚年。见证了物质财富从无到有，从少到多，从乏到丰	过渡型老年人
1950～1960 年出生队列	新中国成立初期的童年、曲折发展中的青年；成长于改革开放时期，正值中青年时期见证中国经济的飞速发展，并在中晚年享受互联网发展带来的技术红利	现代老年人
1960 年后出生队列	物质匮乏的童年，改革开放的青年，移动互联网、支付方式、消费方式快速发展的中年，资产富足、消费方式现代化的晚年	"新"老年人

注："新"老人并非指狭隘意义上的老年人，其中也包括了在年龄上不符合"老年"界定的群体。这样处理除了满足不同世代划分的要求，也是从动态的队列出发，比较不同出生队列群体之间的差异。

同属传统一代，处于 1930 年前出生队列老年人的消费水平略高于 1930～1940 年出生队列。虽然相差一个年代，但队列群体之间有诸多共同点：社会不稳定、物质匮乏的童年，新中国成立初期、百废待兴的青年，遭遇三年困难时期以及见证改革开放、社会主义市场经济建设的中年，物质相对贫乏的老年。在生命历程的框架下，个体的出生组效应与对应的生活事件相联系，于个体意义重大，不同事件发生的先后次序，也决定个体行为选择的差异。正是传统老年人经历社会从不稳定走向稳定、从贫困走向相对贫困等变迁，塑造了老年节俭、保守、实用的朴素消费行为。准确而言，1930 年前出生队列比 1930～1940 年出生队列早，属于更为传统意义的老年人，但前者的消费水平整体比后者高。可能的原因在于，1930 年前出生队列群体的补偿性消费更明显，在人生晚年甚至是高龄时期遇到社会物质财富的快速积累，相较于物质极度贫乏的童年以及中青年时期,晚年特别是高龄期不断丰富的物质财富以及快速提高的物质条件一定程度上促进了消费选择的自主性和灵活性。

作为传统老年人与现代老年人之间的过渡,1940~1950年出生队列群体的消费水平最高。他们成长于新中国成立初期,经历中国社会经济曲折发展以及改革开放浪潮,见证21世纪社会经济快速发展,并在晚年亲历社会经济发展红利。作为惠享社会经济发展红利的第一批老年人,他们恰逢国家社会保障制度有序的重建与完善,享有的福利体系比传统老年人更完善。过渡型老年人是伴随新中国成立、成长、发展、腾飞、富裕的一代人,见证了国家物质积累从无到有、从少到多、从乏到丰。消费行为相应也具有强烈的时代特点,伴随物质财富丰富而呈现突出的高消费优势。

延续1940~1950年出生队列的消费优势,1950~1953年出生队列仍处于较高消费水平,但以1953~1956年出生队列为消费下降拐点并持续至1960年后出生队列。1950年后出生队列具有鲜明的现代化特征,成长于改革开放时期,正值中青年时期见证中国经济的飞速发展,并享受移动互联网发展带来的技术便捷。作为现代性特征明显的一代,其消费的"现代性"优势却并不突出。1960年后出生队列保持上一出生队列的消费特征,消费需求并未有效释放。他们虽然经历物质相对匮乏的童年,但成长于改革开放、社会物质财富快速积累的年代,拥有资产富足的中晚年,所经历的社会变迁具有浓厚的现代技术特征,是受互联网熏陶发展的中年一代,属于新时代的"新老年人",是未来老龄消费市场重要的潜在消费主体。移动互联网发展带来的消费方式变革,既有网络消费、线上消费对消费释放的促进,也有移动支付、提前消费、信用卡支付等消费工具革新带来的消费便捷(王宁，2003）。与现代化消费方式对消费促进的一般认知略显不同的是，"新老年人"消费的队列效应劣势明显。

进一步分析医疗风险对消费行为的队列效应可知（见图 8 - 3），低医疗风险者的消费支出随出生队列较为平稳变化，而高医疗风险者的队列负效应尽显，且消费队列效应低于低医疗风险者。高医疗风险对消费行为的负向影响几乎作用于所有队列，成为老年消费水平提高的重要阻碍因素。老年生理性的躯体功能衰退的直接表现之一在于医疗支出风险的增加，无论是在某一特定时期医疗风险对其他稳定性消费的制约，还是在时期的动态推移过程中对消费决策的负向预期的长期影响，均体现了医疗风险对消费水平的阻碍。这种作用机制也有效解释了现代老年人、"新"老年人突出的队列消费劣势，具体而言，处于高医疗风险状态的现代老年人、"新"老年人的消费水平显著低于低医疗风险者，而后者的队列正效应突出并呈现一定的队列消费优势。

8.5　结论与讨论

本章利用 APC 交叉分层随机效应模型，对中国老年消费的年龄、队列、时期趋势进行分析，从生命历程的视角挖掘老年消费随社会宏观变迁发展而呈现的独特形态。在此基础上，围绕老年生命周期序列事件，探讨生理性的疾病支出风险对老年消费的年龄、队列、时期的效用。与其他章节相比，本部分致力于从动态的趋势变迁挖掘老年消费行为的作用机制，以此作为阐释老年有效消费不足的切入口。

就实证分析结果而言，老年消费的年龄、时期与队列效应显著，不同时期以及出生队列消费迥异。首先，老年的时期消费劣势突出，经济社会的不断发展并不必然带来老年消费水平的提高。结合本部分研究对象所经历的五个调查时点，除了受 2002年"非典"对经济发展造成的暂时性冲击外，虽然老年消费水平随时代发展进步总体明显提升，但并未与时期推移保持一致的正向增长趋势。其次，相对比时期趋势，老年消费的队列趋势更显著。消费优势集中于见证物质财富从无到有、从少到多、从乏到丰、从贫到富的过渡型老年人（1940～1950 年出生队列）；现代老年人、"新"老年人（1960 年后出生队列）更易受老年生理性因素的影响，健康储蓄预期高、医疗风险规避明显，整体的消费水平甚至低于传统老年人（1930 年前出生队列）。

随着人口老龄化持续推进，银发市场作为推动老龄经济发展的核心力量被积极预期，老年消费成为促进居民消费红利的重要窗口。社会经济发展与消费之间的非对应关系揭示了老年消费潜力与老年实际消费之间的差异，即庞大规模的老年人口所蕴含的消费潜力并不必然转化为有效消费。受宏观社会变迁以及社会力量的推动，老年群体的经济力有所提升，但伴随社会经济发展的消费欲与消费心理尚未能进行有效变革。受过去饥荒、贫困、物质匮乏以及传统社会对老年人的狭隘理解等事件的影响，老年人保守、求实、谨慎等消费低欲特征突出，导致了消费欲与消费心理一定程度滞后于消费力。消费峰值之所以发生于 1940～1950 年出生队列，关键在于消费力上强有力的政策与经济红利补偿所催生的边际消费效用。作为惠享社会经济快速发展红利的第一批老年人，恰逢国家社会保障制度有序的重建与完善，享有的社会保障福利比传统老年人更完善，是伴随物质财富快速积累而产生的特有的消费优势。相较之下，更早出生队列群体历经极度物质匮乏的成长期，也受传统"重身后、轻身前"等狭隘养老文化的渗透，对消费的欲望普遍偏低。随着互联网发展以及现代性提高，1950 年后出生队列物质生活逐渐多元并重视老年生活，但受独生子女政策影响，其子女普遍面临繁重的养老压力，相应形成了"给子女减负""为子女奉献"的观念，甚至形成"老年无用"价值论而弱化老年人主动的需求表达；特别是医疗支出风险所产生的支出不确定预期对消费欲以及消费行为的挤压尤为明显，突出表现为"计划者"角色而非"享乐者"，即追寻更长期的消费福利而适当限制当前消费。

综观老龄化程度更深的发达国家和地区，如北欧、日本和韩国等，资本与财富向"婴儿潮"一代老年人口集聚，在人口结构逐渐老化的社会经济形态中，老年人是掌握更多财富与资本的消费主体。与西方国家老年人相比，大多数中国老年人没有国外老年人的物质财富优势，但老年消费的物质基础随时代推移有了明显提升，然而老年消费处于以食品、医疗为绝对主体的单一状态。需求理论阐明了消费行为发生所必需的消费力与消费欲，老年消费力在时代的进步和变迁中不断提升但处于一定受限状态，消费欲却保持极低水平，由此降低了消费活动发生的心理驱动。当有限提升的消费力与极低的消费欲交互一起，前者将可能继续放大老年被动式消费欲，从而共同塑造消极消费的现实。

虽然社会经济发展对老年消费力带来了积极的促进作用，但仍然不能忽视消费活动背后的消费欲、消费心理以及消费力与消费欲的综合作用。随着消费方式的不断变革，在互联网浪潮的冲击下，不仅有网络消费、线上消费对消费释放的促进，而且移动支付、提前消费、信用卡支付等消费工具革新带来的消费便捷也带来了新的消费变革。对比过去的传统消费，老年人是被现代化排除和约束的一代，这变相缩减了老年消费的活动空间。顺应老年消费特征，一方面，从社会保障建设出发，降低老年医疗支出风险与健康储蓄预期，致力于老年消费力的提升；另一方面，从构建有效的老年价值论、破除狭隘的养老观念出发，提高老年消费的心理基础与积极预期。随着时期不断推延，"50后""60后"出生队列作为连接老年人和中年人之间承前启后的一代，即将成为新时期推动老年经济发展的主力。20世纪60年代初期迎来了中国概念上的"婴儿潮"，出生人口规模超4亿人。受独生子女政策的影响，少子化、家庭养老资源稀缺成为该队列群体的重要特征。降低老年支出风险预期、破除低消费欲状态，将是提高老年福利、促进积极老龄化的重要路径选择。需要注意的是，本书试图探索宏观社会机制对老年消费的分化作用，但在模型分析中并未对某类具体的历史事件予以直接测量，而是将各队列群体在不同时期的跨度来呈现宏观社会以及老年生命历程对于消费的作用机制。在特定的时序作用下，不同的队列、年龄、时期等因素决定了老年消费活动的选择空间，而在此过程中，老年人经历的社会事件、个体特征差异等活动也相应成为个体独特的情境差异来源，由此产生了消费行为的不同结果。

第9章 结论与政策建议

随着老龄化持续推进，规模庞大的老年人口所蕴含的消费潜力被积极预估。中国居民整体消费水平随经济发展大幅提高，但老年消费并未呈现同样的增长幅度。老年消费增长滞后于经济发展，消费结构单一，处于以食品消费、医疗支出为绝对消费主体的状态。如何提高老年生存福祉、促进积极老龄化，成为政府、社会和学界等多方的重要议题。学界对消费已有诸多研究与探讨，从收入、预期储蓄等集中论证了消费行为发生的作用机制，然而，老年低消费倾向的事实佐证了消费—收入决定论之外的其他不确定性预期因素。老年人处于特定的生命阶段，老化的生理性、社会性、心理性等特征决定了老年人与一般居民消费的差异。本书利用多渠道调查数据以及统计资料，探讨了老年消费支出与收入之间的关系，结合老年生理性、社会性、心理性等特征，围绕需求理论中的消费力与消费欲因素构建基于收入的老龄消费行为决策的分析框架，并相应进行实证检验；在此基础上，分析老年人所处的年龄、出生队列以及特有的时期等时空效应对老年消费的影响。

9.1 研究结论

老年人消费水平偏低、消费结构单一，消费随收入增长尚未达到边际效用递减的状态，收入对老年消费行为的促进作用有限。诸多消费理论论证了收入、收入预期与消费之间的相关关系，若将健康风险作为收入不确定性预期的负向度量，那么老年人为健康以及疾病所支付的成本将降低老年收入，从而限制其他日常稳定性消费；若将医疗保健作为消费支出的常规部分，老年消费倾向仍然低于居民消费。老年人有效消费不足、消费倾向偏低主要集中于低收入、农村老年人等特征群体。就年龄来看，老年人消费呈现"高龄平稳、低龄波动"的特征；就收入差别来看，低收入家庭老年人的消费处于"低位单一稳定"，高收入老年人处于"高位层次起伏"；就城乡差异来看，城乡因素对消费的影响强于不确定性因素，农村老年人消费水平处于绝对劣势，且城市老年人呈现风险迟钝型消费、农村老年人为谨慎型消费。收入与消费之间的理论模型论证了两者的正相关关系，然而，老年人低消费倾向佐证了消费—收入决定论之外的其他不确定性预期因素。老年生理性、社会性、心理性等老化特征决定了老年群体的特殊性，一定程度上有效解释了老年消费倾向偏低的事实。

（1）基于老年生理性和社会性特征，老年人面临的支出风险以及收入风险成为限制消费力的重要来源。从纵向的时代推移来看，老年收入来源增多，消费力有所提升，但对消费水平的促进有限，特别是对消费结构的优化尚不足。生理性老化是生命机体逐渐衰老的动态过程，直接表现为生物机体衰老以及身体机能退化，并伴随老年疾病、健康隐患的增加。健康风险也相应成为老年支出不确定性因素，并负向作用于老年人的心理预期而约束消费。

进入老年期，老年人相继退出劳动力市场，特别是对农村老年人而言，收入有限、收入来源单一，这些均是老年负向不确定性预期的重要来源。老年支出不确定预期主要集中在医疗支付以及健康风险上，这类支出随个体年龄增长而成为无法回避的部分，并压缩其他稳定性消费。相比较收入因素而言，健康风险、医疗支出等是影响老年人未来不确定性预期的更直接变量。与年轻群体所不同的是，老年人难以通过借贷或是人力资本供给而平滑消费，这也从侧面反映出老年群体所面临的消费劣势以及老年阶段特定的风险状态。

（2）基于代际互惠以及老年社会交换等社会性特征，家庭代际资源向下转移导致老年人所获得的资源减少，削弱了老年人消费动力与消费选择空间。一方面，受"三明治"家庭的资源约束，祖辈与未成年孙辈之间产生了适度竞争，孙辈对祖辈所获取的资源产生负向作用，导致家庭资源从老一代向年轻一代转移。另一方面，中高龄老年人相对比低龄老年人具有一定的资源获取优势与消费优势，但未成年孙辈负向调节两者之间的关系，导致有未成年孙子女的中高龄老年人资源与消费劣势凸显。中国家庭正呈现独特的代际资源向下流动，传统反哺模式下的养老链条在现代化和城镇化的冲击中发生改变，并构成老年人不确定预期的重要来源。

代际互惠论与"反哺"养老模式具有共通性，皆强调子女提供的经济支持对老年人资源保障的合理性。然而，若将老年人与子女之间的资源交换置于社会或家庭的交换体系中，那么老年人将处于资源地位极不平等的弱势状态，由此导致他们在家庭资源中的非有效竞争，无形中构建了老年负向不确定预期而影响其消费抉择。撤退理论同样解释了老年人在社会和家庭中的弱势地位，认为老年个体应该逐渐退出重要角色，并逐渐减少社会参与、家庭决策等事务。消费特别是文娱消费作为一项重要的社会性活动，也应当成为老年人撤退的重要方面。以上均从社会性特征解释了老年消费不足的现实。

（3）基于老年心理性特征，主观预期寿命延长促使老年人重新平滑财富、收入与消费之间的关系，导致其更多扮演"计划者"角色而弱化消费。老年心理认知是伴随社会性老化与生物性老化而出现的心理变化，从中青年向老年阶段的过渡中，秋愁、患得患失等"老年危机"总适时出现。主观预期寿命作为老年对自我健康以及生命归宿的认知，不仅包括老年对自我生物性机体状况的判断，也是基于老化状态的社会性因素做出的综合评价。从行为生命周期视角出发，老年人感知的预期寿命不同，对未来更长期消费的规划也相应存在差异，主观预期寿命长者更类似于"计划者"，主观预期寿命短者更类似于"行动者"。"行动者"关心眼前利益、享受当下，追求片刻的享受而忽视对未来更长期的规划；"计划者"则追逐长期利益，倾向于对未来更长期的规划，并将现在财富、物质、资源等与现在、未来相结合，从而有效安排更长期的经济活动以实现效用最大化。"计划者"消费水平低、消费结构单一，尤以文娱消费最低；"行动者"消费水平高、消费结构相对丰富，文娱消费优势明显。随着社会经济发展以及物质生活条件的改善，初老之人对未来的生命规划期越来越长，以家庭为核心的养老模式极易造成老年资源弱势地位，由此导致老年人狭隘养老观的形成，即"轻生前、重身后"。老年人一方面被动式忽视晚年生活质量；另一方面将更多的情感、物质转移至子女、孙子女，以换取"身后事"的满足，从而共同造成了老年人极低的消费欲。

（4）从广义的时空效应来看，老年消费受年龄、队列、时期等的影响，生命历程所对应的时空差异决定了不同特征老年人消费行为差异。老年消费的年龄、时期与队列效应明显，尤以队列效应突出，不同出生队列消费迥异。消费优势集中于见证物质财富从无到有、从少到多、从乏到丰的过渡型老年人（1950～1960

年出生队列)。过渡型老年人既经历过传统老年人长期面临的物质贫乏,也在人生晚期见证社会经济快速发展,亲历物质财富积累从无到有、从少到多、从乏到丰的动态演变;相对于其他更早出生队列群体,他们是富裕的一代,其消费优势在物质财富的积累下充分显现。虽然现代老年人、"新"老年人(1960 年后出生队列)亲历移动互联网发展以及消费方式变革,但健康储蓄预期高、医疗风险规避明显,消费水平甚至低于极具补偿性消费特点的传统老年人(1930 年前出生队列)。老年消费与社会经济发展和物质财富积累之间并非呈现一一对应关系,也即经济社会发展并不必然带来老年消费水平的提高。

消费时期效应揭示了社会经济发展与老年消费之间的非正向对应关系,阐明老年消费潜力与有效消费的差异。老年消费者的双重特征决定了其消费行为的特殊性:作为一般居民消费者,老年人具有受物质财富约束的、稳定性以及满足日常生活需要的一般消费需求;作为老年消费者,老年人的健康消费需求远高于其他群体,健康储蓄的动机也更高。在此过程中,随着老化而不断增加的生理性疾病支出风险强化了健康储蓄动机;社会交换地位劣势以及代际资源向下转移等社会支持性力量不足在时代的推移中愈发严重,导致老年消费力的动态剥夺。由此,老年人所经历的社会变迁所构建的生理性、社会性以及心理性等因素共同塑造了谨慎、保守、低欲等被动式消费态度。

(5)生理性、社会性或心理性等老龄特征通过构建的不确定多重情境预期决定了老年消费空间。消费行为多维度的发生机制均发生在特定的时空中,而生命历程恰好提供了研究的时空视角。从时间维度出发,老年所处的特定时期、出生队列以及年龄一定程度上决定了个体行为选择的差异,且对生物性、社会性或生理性因素与消费之间的关系予以调节。例如,随年龄增长而不断衰退的躯体功能；在社会变迁的浪潮中有限提升的老年消费力；老年人节俭、求实等心理在时代进步中依然明显。从空间维度出发，老年人经历的社会阶段、生活事件等均是某种行为发生的诱导性因素之一。无论是高发的疾病风险，抑或是社会交换弱势以及有限收入来源等，均是老年特定的空间形态。诸多的老化特征既是影响消费的直接因素，也构成独特的生活事件决定了消费水平乃至消费结构，从而老化特征与消费行为之间表现出强烈的时空色彩。

9.2　老年消费行为的一般模式

基于已有分析与研究结果，构建老年消费行为和消费决策的一般模式（见图 9-1），即有限的消费力与极低的消费欲共同导致了老年消费动力不足。需求理论解释了消费者购买行为发生所具备的两个前提性条件，即消费力（购买力）和消费欲（购买欲）。基于老年生理性以及社会性特征，老年人面临的支出风险以及收入风险成为限制消费力的重要来源。从纵向的时代推移来看，老年收入水平来源增多，消费力已有所提升，但对消费水平的促进极其有限，特别是对消费结构的优化尚不足。购买欲是购买商品或劳务的动机、愿望和要求，它是促使消费者潜在购买力转化为现实购买力的必要条件。已有研究围绕老年独特的消费心理进行了一定的尝试，并认为老年具有节俭、求实、消费补偿以及消费从众性等心理特征。然而，购买欲或消费欲并不能简单理解为消费心理，后者是消费过程中的心理活动，而前者则有效解释了需求过程中主观驱动力的形成机制，是对商品消费的某种冲动或抑制。老年人社会交换地位的劣势决定了资源获取的不足，"老年无用"导致代际资源过多向下流动，而这种资源劣势随人口预期寿命延长不断放大，为了平滑未来的生存期，老年人选择降低消费以平滑未来更漫长的生存质量。狭隘养老观念的渗透以及老年家庭资源获取劣势，导致老年人多重身后事而忽视生前的生活质量。在不少地区特别是农村地区，"重殓厚葬"是孝道的极度体现，甚至是孝道的唯一体现。这些因素共同导致了老年人"轻身前、重身后"的矛盾状态，并带来极低的消费动力与消费欲望。

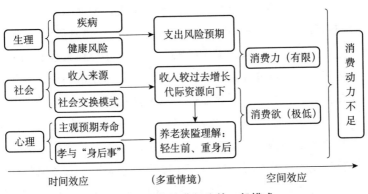

图 9-1 老年消费行为的一般模式

虽然购买力一定程度上限制了老年消费，但老年消费倾向仍有较大的提升空间，被遏制的消费欲更是阻碍有效消费的关键因素。消费欲一定程度上滞后于消费力。低消费欲多来自老年社会性、心理性特征因素的构建，有限的消费力一定程度上也放大了老年被动式消费欲。有限的消费力与极低的消费欲交互，共同塑造了老年人消极消费以及低消费的现实。无论是特定的生理性、社会性还是心理性因素对老年消费的构建，相应的发生机制均受时间和空间的影响，而老年特征本身亦是具体时空作用下的呈现。不同的空间效应以及老年人过去的成长经历等，均塑造了老年人特有的消费惯习，从而决定了不同特征群体消费行为之间的差异，农村老年人、社会经济地位劣势者等的消费动机更弱；时间效应突出呈现在不同队列、时期以及年龄等方面，高龄老年人的消费欲受老化特征的影响相对更小而表现出更高的消费欲；与年轻人相比，老年消费的求实、节俭等特征一定程度上也决定了有效消费不足。因此，老龄生理性、社会性以及心理性特征不仅多维度影响消费决策，而且发生于特定的时空状态下并决定了消费水平乃至消费结构的程度。

随着人口老龄化持续深化，关于老年人口扮演何种角色、应该扮演何种角色备受争议。有观点从老年人口的消费属性出发，认为老年人是社会和家庭最大的财务风险，社会和家庭面临的养老压力在未来将持续放大。社会交往以及代际互惠理论强调了老年人在社会和家庭中的弱势地位，特别是资源获取方面的非有利状态。受制于家庭资源以及家庭预算，在三代同堂以及"三明治"核心家庭结构中，家庭往往选择牺牲老年人的物质权利以保障年轻一代的有效发展。然而，在过分关注老年人财务风险的同时，老年人力资源、老龄经济红利也值得被关注。延迟退休政策的规划是对老年人力资源的有效再利用；促进老年消费，一定程度上提高老年边际消费倾向，将是完善老龄产业建设、促进老龄经济发展的重要突破口。消费作为物质生活资料权利的基本表现形式之一，构成了老年福利的重要部分。老年消费不足，不仅一定程度上损害了其生存权利与物质福利，而且也破坏了社会对老年消费潜力的积极预期。

虽然本书探讨了诸多收入—消费模型之外的生理性、社会性、心理性等老年特征对消费的影响，但不容忽视的是，老年劳动参与以及家庭代际支持为老年人带来的积极心理预期，很大程度上保证了老年人消费的物质前提，构成了消费动力的来源。随着我国社会养老保障制度的逐渐完善，"保基本、广覆盖"的目标基本实现，但老年人更高层次的物质需求难以从当前的社会保障体系中获得满足。家庭仍然是老年人获取资源的重要来源，而家庭代际资源向下转移的现实决定了老年人在家庭资源地位的劣势。因此，既要顺应老年消费惯习，克服老年消费的制约因素与消极预期心理，也要强调家风建设，构建孝道观念。

9.3 对策和建议

促进老年消费、激活老年消费市场，对于老龄产业建设乃至居民消费具有重要意义。基于老年消费所呈现出独特的模式，不能忽视老年特征而一味倡导与鼓励老年消费支出，而是在顺应老年独特生理、心理以及社会特征基础上把握老年消费心理和消费活动，促进老年人在一定消费力水平上的有效消费行为。为此，从提高消费力与消费欲两方面因素出发，提出相应的对策建议。

9.3.1 多渠道提高老年购买力，降低老年收支不确定预期

（1）加强家庭孝文化宣传，适度提高子女对老年父母的物质支持。子女提供的经济支持是老年收入的关键来源，特别是在社会保障制度尚不健全的情况下，代际支持对老年人晚年生活质量

发挥着重要作用。在典型的"三明治"家庭中，成年子女不仅为老年父母提供照料支持，而且也承担了年幼子女的抚养义务。对老年人而言，接受来自子女提供的经济资源受到年幼孙子女的竞争性限制而呈现劣势状态，由此带来代际资源向下转移，导致老年消费不足。加强家庭孝道文化观念建设，完善家庭对老年人的物质支持意义重大。子女提供的经济支持一方面提高了老年父母的消费力，通过消费能力的适度提高而增强消费的物质因素；另一方面降低了老年对未来财务风险的不确定心理预期，通过提高老年的消费预期而提高消费欲，最后共同致力于老年生活质量的提升。以社区为单位，进行经常性的家风建设、孝文化观念宣传等活动，同时设立模范家庭鼓励金、以社区模范家庭或人物为榜样进行宣扬，使家庭孝文化以及"反哺教育"深入人心，倡导家庭与社会良性的共促共建老年支持模式。

（2）继续完善社会养老与社会医疗保险政策，提高转移支付力度。老年人处于生命垂暮期，收入来源单一，除依托于家庭而获取的物质支持外，国家转移支付是另外的主要收入来源，也是保障老年人长效物质基础的社会力量。现行的养老保障体系基本实现全人群覆盖，但保障水平总体偏低。继续推进"广覆盖"的政策目标，在"保基本"之上构建针对各类特征群体的差异化的保障体系。提高转移支付额度并非一蹴而就的事情，需要配套社会、经济、文化等环境，在各级政府的共同努力下共同促进社会养老制度的完善。配套社会救助、社会福利等政策的同步发展，将资源适度向独居、残疾、独女户、五保户等老年人倾斜，以维护弱势者权益。

医疗保险对老年消费的积极意义体现在两个方面：一是满足老年医疗保障需求，提高老年健康素养；二是降低医疗费用自付额度，保障合理就医权利，从而减少健康风险对日常稳定性消费的干扰与负向抑制。在当前的社会政策背景下，首先，通过社区的整合式力量查漏补缺，将少量未参保或不愿参保的个人或家庭纳入保障范畴，真正实现医疗保险的"广覆盖"；其次，简化医疗报销程序，为老年人就医活动尽可能提供便利。另外，加大补充性医疗保险的覆盖与动员，尽可能将更多的老年人及其家庭纳入大病保险，提高应对高医疗支出风险的能力。疾病作为老年期重要的生命特征，个体一生中绝大多数医疗支付发生于该阶段。若无完善的医疗保障体系，从风险应对以及风险预防心理等状态出发，老年人将微弱的物质财富集中于疾病应对，势必减少日常的稳定性的其他消费支出。长期累积的消极后果是医疗需求处于限制式满足，基本的日常需要也难以有效释放，从而进一步导致健康恶化并增加健康成本，由此陷入健康与日常生活双失衡的恶性循环。

（3）加强健康教育与健康促进，减少个体负向支出风险

为健康所支付的成本占据了老年期消费的重要部分。医疗消费与稳定性日常消费之间此消彼长的关系，导致了健康风险对日常消费的绝对冲击。疾病风险的增加不仅损害了个体躯体功能，而且强化了个体负向不确定预期。在此过程中，如果负向预期被放大，老年群体极易将未来不确定的健康状态上升至自我健康认知焦虑，甚至出现对死亡、未知世界的终点焦虑。健康知识缺乏、不正确的生活方式，均是疾病来源的重要隐患，由不良生活方式引起的疾病和死亡的占比甚高。"生活方式病"是可怕但可以避免的一种状态。特别是对勤俭节约的老年人而言，"病从口入"是常有之事。例如，大量摄入腌制食品，过度依赖冰箱贮存不当的隔夜饭菜，烧菜添加过量食盐、酱油和糖等，甚至吸烟酗酒等。

为此，控制健康风险、加强健康教育与促进，具有重要意

义。一是营造老年健康的支持性环境。以医疗卫生机构为依托，完善诊疗服务设施和健康教育设施，加强健康科普宣传，广泛使用宣传栏、电子屏等开展健康宣传教育。打造良好的医疗人文氛围，建立绿色通道、专项服务窗口、多增设人工服务台等，满足不同健康状况、不同年龄段人群的健康需求。二是社区承担特定的健康教育功能，通过经常性的社区宣传栏、讲座、义诊、健康咨询等活动向老年群体普及健康与疾病相关知识，积极开展宣传教育性活动。健康教育活动的对象不仅包括老年人，也包含老年人的其他家庭成员。三是经常性的社区健康诊断活动，以老年人为重点对象，开展健康干预。构建老年人健康档案，鼓励老年人进行经常性的健康体检。四是广泛吸纳家庭参与老年健康干预，家庭中的年轻成员为老年人提供科学的饮食计划与饮食监督，填补老年人在健康管理知识方面的空缺。五是引导老年群体形成正确的老年观和价值观，通过积极的社会活动参与培养正确的心态，避免不恰当的健康焦虑甚至过度就医，实现科学的健康信念和健康态度，促进健康方面的知行合一。

（4）重塑老年人口红利，提供低龄老年人再就业机会。随着老龄化持续深化，社会抚养压力不断增大，合理有效开发低龄老年人的人力资本势在必行。老年人再就业不仅有利于社会经济良性发展，而且也有利于提高老年人社会地位，增强其物质资源获取的能力。老年人口红利的挖掘离不开对老年形象的积极认知以及完善老年再就业系统的构建，保障老年人再就业权利、合理界定老年劳动者身份尤为重要。随着科学技术的飞速发展，老年人尽管工作经验丰富，但适应技术进步与生产结构转变的能力差，就业竞争劣势明显。年龄门槛对从事非脑力劳动、教育程度较低的人极高，导致老年人力资本被社会长期忽视。技能、知识缺乏的老年人在退休后被原单位返聘的可能性小，当他们重新回流到就业市场时，被用人单位拒绝或者在工作中遭受不公正待遇常有发生。因此，社会应积极为老年人再就业创造条件，完善老年就业保护法，保障老年再就业权利。通过新媒体、电视栏目、公益节目等积极宣扬老年价值，克服社会对老年的认知偏见，特别是改变社会对老年无用的刻板印象；明确再就业老年人的劳动者身份，出台专门的工资认定标准和收入调节法，为再就业老年人提供专门化的教育培训；降低公益性岗位以及基础性岗位的年龄门槛，积极扩宽老年群体的就业范围；加强思想文化建设，塑造积极的老年人形象，明确老年人就业歧视保护的司法救济。

9.3.2　改变狭隘的养老观，激发老年消费热情

（1）顺应老年消费特征，促进老年专项服务与产品的差异化供给。与年轻一代所不同的是，老年人的出生队列、成长环境等决定了老年消费欲不足的事实，并伴随求实、节俭等消费心理。无论是具体的消费物品，抑或是消费方式，针对老年需求的商品或服务的供给尚不足，老年消费市场或老年服务体系尚需进一步建立。移动互联网快速发展极大促进了消费方式的变革，消费行为不再受时间和空间的约束而极大便利化。然而，老年人受知识、经验以及学习能力等多方面束缚，尚难以像年轻人一样实现购物、消费等的现代化与跨时空化。在这一过程中，除了老年人自身购买力以及消费欲等需求因素外，外在商品供给不足以及消费方式的现代化也是限制老年消费的重要原因。与此同时，市场上缺少针对老年特征的专项产品或服务，特别是老年文化类消费产品单一，极大制约了老年消费选择。这种约束在农村地区，特别是人口大量流出的农村地区、落后地区等表现得更为明显，甚至出现老年人有消费需求而无商品购买的失衡情况。为此，需要

顺应老年人独特的消费特征，为老年人提供专项服务与产品；特别是加强文化消费设施建设，完善老年专项产品与服务的供给，促进老年消费的多样化选择。

设计符合老年需求的商品，满足不同特征老年人的需要。一是服务方式上，大力增设各类老年用品体验馆，提供沉浸式老年服务；下沉老年消费市场，将老年沉浸式服务向农村地区、落后地区转移。二是消费内容上，开发满足老年需求的精准式商品，如针对孤寡老年人的便捷报警器，针对失能、半失能老年人的便携式洗漱用具、卧床翻身器等，针对残疾老年人的特殊功能式用具，针对农村老年人专门的文化建设。就文化服务建设而言，当前的社区文化建设多以公益性健身器材为主，缺乏趣味性与多样性，难以满足老年人差异化的消费需求。不妨以社区为单位，成立社区图书馆，满足老年人尤其是农村老年人阅读需要；以自愿为原则，组织老年人近郊旅游观光，这不仅有利于增强老年人之间的精神交流，亦促进老年人身心健康；建设适合老年人的专项娱乐设施服务，如增设趣味茶馆、棋社、游戏室等简单可推广的设备，保障老年人精神文化的丰富性。对于诸多服务的经营，在社区主导提供的基础上，结合老年人实际收入水平收取一定的费用以维持基本运营需要。以老年需求为主的消费服务和消费产品未来将是满足老年需要、提升老年生存质量的重要突破口，也是对老年市场下沉以及老年专项产品开发提出了新要求。

（2）改变"轻生前、重身后"的狭隘养老观，构建良性的养老观念。老年消费不足的重要原因之一在于消费欲有限。诸多有关消费的研究认为，消费欲受到消费力的限制，消费欲将随消费力提升而自然产生。基于老年消费欲与消费力之间的关系，消费力随时代推移有了一定的提升，而消费欲仍然受狭隘的"重殓厚葬"等养老文化的影响，老年人长期被动忽视晚年生存质量。改变老年人及子女"轻生前、重身后"的狭隘养老观念，呼唤家庭对老年人生前生活质量与消费状态的关注，不仅是提升老年消费的重要方式，也是构建良性养老观念的文化保障。虽然消费并非生活质量的唯一衡量标准，但消费需求的有效满足是生存质量提高的必要条件。加强社区宣传，以家庭为单位重塑孝文化的本质，加强对老年生活质量的关注，让"孝"回归老年生活本身；利用新媒体、视频软件等加强对"厚养薄葬"的呼吁，特别是加大在农村地区、落后地区等"面子文化"盛行地区的推广与普及力度；呼唤榜样的力量，树立孝子的正能量典型，以此践行孝文化的本质。

（3）破除老年无用论，重新审视老年价值。人到晚年、病痛缠身、生理机能减退，这是生物发展的必然逻辑和归宿。然而，老年无用论愈来愈成为社会对老年群体的主流评价，大量声音将老年人与消费人口、扶养负担、财务风险等绑在一起。这一价值观点在社会以及家庭生活中广泛传递，甚至导致老年人对自身的价值评判过低。在老年人仍然以家庭养老为主要支持的现实情境下，代际资源向下转移强化了老年社会交换劣势，老年无用的价值认知将继续放大。由此长期形成的消极后果是，老年人主动或被动忽视自我消费需求的表达，将更多的注意力转移到子女或孙子女以填补老年价值的不足。从社会交换的视角出发，在社会氛围的长期建构下，老年人从外部获取了"无用"的信息体系，并将其变成内化的"无用"；为了获取家庭有效支持以及填补自身价值的缺失，老年人以牺牲或节省的物质作为筹码进行交换，而节衣缩食则是重要的行为选择。重塑老年价值，破除老年无用论，一定程度上提高老年人在社会和家庭中的地位，不仅是尊老的合理呈现，也将是提高老年消费的心理基础。以社区为单位，通过经常性的家风建设以及宣传教育工作，将尊老精神渗透至日常生活；宣传老年人正面典型，如再就业老年人、照料孙子女老年人、服务社会公益老年人等，树立健康、积极的老龄形象；构建老年人与年轻人之间良性的代际互动关系，消除老年无用等消极认知，为老年人的消费抉择提供有力的心理动力和保障。

（4）子女主动购买商品与服务。老年人多处于20世纪60年代、50年代以前出生队列，经历了物质匮乏的贫穷年代，普遍形成了节俭、勤劳、朴素的消费特征，即便生活物质随社会经济发展而极大丰富。虽然老年人具有特定的补偿性消费倾向，但相比较年轻人，他们仍然延续过去勤俭的生活习惯，消费上求实且追求产品服务的性价比，是相对年轻人的保守消费者。这种消费特征在物质基础欠缺的农村地区、经济欠发达的落后地区表现得更为突出。移动互联网快速发展以及在线购物的大力普及，商品的购买与使用发生了时间和空间的错位，子女为老年父母购买将是弥补老年消费不足的有效方式。顺应老年特有的生活态度，倡导子女为父母在线购买的孝行活动，以提高父母的生活质量。随着人口流迁以及空巢老年人增加，家庭成员之间的空间距离不断扩大，越来越多的子女与老年父母分离居住，这相应增加了子女为父母在线购买服务产品的可能性。经常性观察父母消费习惯，留意父母的兴趣爱好，在力所能及的经济能力范围内为老年父母的消费福利提供支撑，切实将孝行贯穿于现代消费方式中。

9.4 结 语

消费是个体生存发展的重要活动，生存质量的优劣、生活水平的高低，均离不开对消费活动的探讨。本书着力于对老年消费行为的分析，根本出发点是掌握老年特征与消费活动之间的作用机制，并积极探索老年消费行为的一般规律，摸清制约老年消费的负向因素与提升老年消费积极因素，从而实现消费水平的有效提升。在此基础上，丰富老年人多样化的消费结构，摆脱老年生活"单调孤独"的刻板印象，推动积极老龄化建设。在已有研究成果的基础上，本书在以下几个方面有所扩展。

第一，引入老龄理论，扩展分析框架。本书将老年人特有的生命特征与老年预期收支相结合，分析老年生理性、心理性、社会性等因素与消费行为的关系。已有关于消费理论针对的研究对象为笼统的居民，缺乏对研究对象的细分。本书结合老年人特征，从老化的生理性、社会性以及心理性等老龄理论出发，基于老年人消费倾向低以及老年边际消费效用尚未达到递减等状态的一般事实，探讨了健康风险、主观预期寿命、代际资源关系、时空因素等对老年消费行为的影响。以此，进一步扩展老年消费的研究范畴，并重新思考人口预期寿命延长与老年消费行为之间的关系问题。

第二，实证分析入手，充实研究方法。已有老年消费的文献多从定性资料展开，辅以少量的定量分析，对老年人的消费需求、消费现状等进行简单探讨。本书从实证分析出发，在构建的理论分析框架的基础之上，利用国家统计年鉴数据、全国公开的大型调查数据等分析老年消费现状以及群体差异；从生理性、社会性、心理性三个方面的特征出发探讨了老年消费行为的作用机制，并分别选取对应的代理变量以实证检验消费行为的发生机理；使用多元线性回归、分层线性回归模型、年龄—时期—队列分析等方法分析老年消费的决策机制，全面把握老年人的消费行为。

第三，跨学科的分析视角，扩展老龄理论在消费领域中的应用。从老化理论、社会交换理论、需求理论、活动和撤退理论、行为生命周期理论等出发，基于消费力（购买能力）、消费欲（需要）构建了适合老年群体消费行为的分析框架，将老龄相关理论扩展到消费领域，有效丰富当前的研究视角。已有关于消费的研究多从收入、支出以及储蓄性预期出发，而关于老年独特的消费行为以及可能存在的消费欲不足等现象鲜有关注。紧密围绕老年群体的消费力、消费欲，将两者作为消费行为发生的前提条件，不仅充分结合了老年特征，也突破了过去对消费较为单一研究对象的关注。

然而，受制于主客观原因，本书还存在以下不足。

第一，本书从需求视角出发，将消费决策聚焦于需求因素，构建了老年消费行为的购买力和购买欲的一般模式，一定程度上忽视了对供给因素的探讨。消费的本质是对商品的需求，除了消费者自身对于商品的需要以及购买力外，商品完善的供给也是决定消费行为发生的关键变量。老年消费者多追求商品的实用价值与性价比，而符合老年消费特征的产品缺乏市场专门的细分，老年功能性用具更为缺乏。在未来的研究中，从商品的供给、差异化服务出发探讨老年消费行为决策，将具有更全面的指导意义。

第二，本书没有直接对消费欲进行测量，而是从老年心理性因素、预期决策以及消费的时空因素等出发，结合老年收入来源以及具体消费支出的动态时空变化，得到了老年消费欲有限的初步判断。消费欲不同于消费心理，它是购买商品或劳务的动机、愿望和要求，是促使消费者潜在购买力转化为现实购买力的必要条件。老年人多成长于物质匮乏的年代，普遍形成了节俭、勤劳、朴素的消费特征，虽然老年人具有特定的补偿性消费倾向，但相比较年轻人，他们仍然延续过去勤俭的生活习惯。对此，研究老年消费欲将是挖掘老年消费行为决策重要的面向。老年人消费欲如何进一步有效测量、消费欲的程度如何，将是下一步研究的重要方向。

第三，诸多老化特征与收入类变量之间的互动效应对老年消费活动产生何种影响，尚未进行充分论证。前文集中探讨了老年生理性、社会性以及心理性等因素与收入、消费活动之间的关系，并得到了相应的研究结论，但是老化特征与收入类变量之间的互动效应鲜有关注，也就是，老化特征如何调节收入与消费之间的关系如何，需要进一步探讨。以上亦是基于老龄框架分析消费行为的重要面向，在未来的研究中需要继续挖掘。

第四，缺乏老年人消费行为与其他群体更全面的比较研究。本书以老年人为研究对象，就老年群体的消费倾向与其他居民进行了简单比较，并得到老年消费倾向偏低的一般事实。代际生理性、社会性、心理性等特征的比较尚不足，且老年群体与其他居民消费行为随时空动态变迁的比较亦十分有限。

第五，针对生理、社会、心理三方面特征对老年消费行为的分析框架，各维度对应的代理变量的概括尚缺乏更为详尽的指标体系，特别是有关老年社会性特征与经济收入（购买力）、消费欲之间的关系尚有待进一步厘清。这些状态不仅是老年特征所赋予的，而且在时代的动态推移中也呈现新形式。这些问题的不足为后续研究的继续探索提供动力和方向。

参考文献

［1］阿尔弗雷德·舒茨. 社会世界的意义构成 ［M］. 游淙祺译. 北京：商务印书馆，2012.

［2］白重恩，李宏彬，吴斌珍. 医疗保险与消费：来自新型农村合作医疗的证据 ［J］. 经济研究，2012（02）：41–53.

［3］边恕. 老龄群体：不可忽视的社会生产力 ［J］. 理论与改革，2021（05）：140–151.

［4］Brown P H，都阳，王美艳. 新型农村合作医疗与农户消费行为 ［J］. 中国劳动经济学，2009（02）：1–29.

［5］陈俊勇. 中国老年消费市场研究 ［J］. 经济界，2005（04）：68–70.

［6］陈俊华，黄叶青，许睿谦. 中国老龄产业市场规模预测研究 ［J］. 中国人口科学，2015（05）：67–80.

［7］陈滔，卿石松. 中国孝道观念的代际传递效应 ［J］. 人口与经济，2019（02）：55–67.

［8］慈勤英，宁雯雯. 家庭养老弱化下的贫困老年人口社会支持研究 ［J］. 中国人口科学，2018（04）：68–80.

［9］丁继红，应美玲，杜在超. 我国农村家庭消费行为研究——基于健康风险与医疗保障视角的分析 ［J］. 金融研究，2013（10）：154–166.

［10］樊彩耀. 完善社会保障体系 促进居民消费增长 ［J］.

宏观经济研究，2000（07）：53－57.

［11］樊颖，张晓营，杨赞. 中国城镇老年消费特征及财富效应的微观实证研究［J］. 消费经济，2015（03）：39－42.

［12］风笑天. 城市独生子女父母的老年保障问题［J］. 北京大学学报（哲学社会科学版），1991（05）：102－109.

［13］冯佳琪. 未来我国老年市场的消费能力分析［J］. 经济管理文摘，2021（20）：183－184.

［14］冯丽云. 北京人口老龄化与老年消费行为研究［J］. 北京联合大学学报（人文社会科学版），2004（01）：100－104.

［15］封进. 人口老龄化、社会保障及对劳动力市场的影响［J］. 中国经济问题，2019（05）：15－33.

［16］封进，余央央，楼平易. 医疗需求与中国医疗费用增长——基于城乡老年医疗支出差异的视角［J］. 中国社会科学，2015（03）：85－103，207.

［17］高瑗，原新. 中国老年人口健康转移与医疗支出［J］. 人口研究，2020，44（02）：60－72.

［18］甘犁，刘国恩，马双. 基本医疗保险对促进家庭消费的影响［J］. 经济研究（增刊），2010（S1）：30－38.

［19］郭秀云. 上海老年人口失能水平与平均照料时间研究——基于多个数据来源的考察［J］. 南方人口，2019，34（03）：1－12.

［20］何兴强，史卫. 健康风险与城镇居民家庭消费［J］. 经济研究，2014（05）：34－48.

［21］侯建明，张培东，周文剑. 代际支持对中国老年人口心理健康状况的影响［J］. 人口学刊，2021，43（05）：88－98.

［22］胡湛，彭希哲. 应对中国人口老龄化的治理选择［J］. 中国社会科学，2018（12）：134－155.

［23］吉登斯. 失控的世界［M］. 南昌：江西人民出版

社，2001.

[24] 贾海彦.“健康贫困”陷阱的自我强化与减贫的内生动力——基于中国家庭追踪调查（CFPS）的实证分析 [J]. 经济社会体制比较，2020（04）：52-61，146.

[25] 江光辉，王颖，胡浩. 代际支持视角下成年子女外出与农村留守父母健康关系再审视 [J]. 人口与经济，2021（06）：108-125.

[26] 江维国，刘文浩. 基本养老保险、双代个体特征与家庭双向代际支持——基于 CHARLS 2018 数据的实证分析 [J]. 重庆社会科学，2021（11）：91-105.

[27] 焦娜，郭其友. 多维剥夺视角下中国农村老年贫困的识别与治理 [J]. 中国人口科学，2021（03）：82-97.

[28] 金晓彤，王天新. 中国老龄人口消费：现状与趋势 [J]. 西北人口，2012（03）：23-26.

[29] 凯恩斯. 就业、利息和货币通论 [M]. 高鸿业译. 北京：商务印书馆，2005.

[30] 孔国书，惠长虹，李路路. 中国居民自评一般健康的队列差异研究——兼论“人口红利”的健康效应 [J]. 人口学刊，2021，43（06）：94-112.

[31] 乐国安，王恩界. 国外人口老化理论的心理学研究述评 [J]. 心理科学，2004（06）：1418-1421.

[32] 乐昕，彭希哲. 老年消费新认识及其公共政策思考 [J]. 复旦学报（社会科学版），2016（02）：126-134.

[33] 乐昕. 老年消费如何成为经济增长的新引擎 [J]. 探索与争鸣，2015（07）：125-128.

[34] 乐昕. 人口老龄化背景下的我国老年人口消费研究 [D]. 复旦大学，2014.

［35］乐昕．我国老年消费数量的人群差异研究——以 2011 年 CHARLS 全国基线调查数据为例［J］．人口学刊，2015（05）：104 - 112.

［36］李建民．老年人消费需求影响因素分析及我国老年人消费需求增长预测［J］．人口与经济，2001（05）：10 - 16.

［37］李培林，张翼．消费分层：启动经济的一个重要视点［J］．中国社会科学，2000（01）：52 - 61.

［38］李强，邓建伟，晓筝．社会变迁与个人发展：生命历程研究的范式与方法［J］．社会学研究，1999（06）：1 - 18.

［39］李实，John Knight．中国城市中的三种贫困类型［J］．经济研究，2002（10）：47 - 58.

［40］李熠煜，杨旭，孟凡坤．从"堕距"到"融合"：社会"智"理何以"适老化"？［J］．学术探索，2021（08）：96 - 103.

［41］李翔．陕西农村居民消费结构研究［D］．西北农林科技大学，2013.

［42］李晓嘉．城镇医疗保险改革对家庭消费的政策效应——基于 CFPS 微观调查数据的实证研究［J］．北京师范大学学报（社会科学版），2014（06）：123 - 134.

［43］李晓嘉，蒋承．生命周期视角下的城镇居民消费行为——基于全国微观数据的实证分析［J］．浙江社会科学，2015（02）：43 - 53.

［44］李鑫．精神障碍患儿家属疾病不确定感与应对方式、社会支持的相关性研究［J］．精神医学杂志，2018，31（03）：188 - 190.

［45］李婷，范文婷．生育与主观幸福感——基于生命周期和生命历程的视角［J］．人口研究，2016，40（05）：6 - 19.

［46］李月．我国老年人认知障碍特征分析及政策研究［J］.

人口与健康，2020（05）：54－57.

［47］李珍．社会保障理论［M］．北京：中国劳动社会保障出版社，2013.

［48］林毓铭，肖丽莹．中国老年人医疗支出影响因素——基于安德森模型［J］．中国老年学杂志，2019，39（06）：1479－1482.

［49］林倩茹，罗芳．我国农村地区养老发展现状及未来模式探析［J］．农村经济与科技，2014（09）：153－154.

［50］刘滨，杨国强．农村老年人食品消费影响因素的实证分析——基于江西省调查样本［J］．江西农业大学学报（社会科学版），2012（02）：31－35.

［51］刘超，卢泰宏．西方老年消费行为研究路径与模型评介［J］．外国经济与管理，2005（11）：27－33.

［52］刘凡，刘东皇．收支不确定性与城乡居民谨慎消费行为关系分析［J］．商业时代，2013（36）：46－49.

［53］刘芳．中国贫困地区农民收入结构变动对消费的影响——基于东中西部20个省份面板数据的比较分析［J］．湖南农业大学学报（社会科学版），2014（02）．14－19.

［54］刘建平，张翠．预期收支不确定性对居民消费行为的影响研究——基于经济转型中我国城镇居民消费数据的分析［J］．消费经济，2015（05）：10－16.

［55］刘灵芝，范俊楠．基于不确定性视角中国城乡居民消费行为的差异分析［J］．中国农业大学学报，2015（04）：256－262.

［56］刘灵芝，潘瑶，王雅鹏．不确定性因素对农村居民消费的影响分析——兼对湖北省农村居民的实证检验［J］．农业技术经济，2011（12）：61－69.

［57］刘佩，孙立娟．中国老年人多维相对贫困测度与识别研究［J］．经济与管理评论，2022，38（01）：137－150.

［58］刘天一．超越秩序与不确定性—迈向社会学的新实践［D］．南京师范大学，2013．

［59］陆杰华，王馨雨．影响老年人视力健康的社会、经济及健康因素探究——基于 2014 年全国老年健康影响因素跟踪调查数据［J］．人口与发展，2018，24（04）：66－76．

［60］陆杰华．关于我国老年产业发展现状、设想与前景的理论思考［J］．人口与经济，2000（04）：59－63．

［61］陆杰华，汪斌．乡村振兴背景下农村老年人健康老龄化影响机理探究——基于 CLHLS2018 年数据［J］．中国农业大学学报（社会科学版），2021（09）：1－11．

［62］栾大鹏，欧阳日辉．新型农村合作医疗对我国农民消费影响研究［J］．人口与经济，2012（02）：80－86．

［63］罗楚亮．经济转轨、不确定性与城镇居民消费行为［J］．经济研究，2004（04）：100－106．

［64］罗楚亮．经济转轨、不确定性与城镇居民消费行为［M］．北京：经济科学文献出版社，2005．

［65］马光荣，周广肃．新型农村养老保险对家庭储蓄的影响：基于 CFPS 数据的研究［J］．经济研究，2014（11）：116－129．

［66］马芒，张航空．城市老年人消费水平影响因素分析——以上海为例［J］．人口与发展，2011（06）：23－30．

［67］马树才，刘兆博．中国农民消费行为影响因素分析［J］．数量经济技术经济研究，2006（05）：20－30．

［68］马跃如，王清，黄尧．代际支持对老年人机构养老消费选择的影响［J］．消费经济，2021，37（02）：47－56．

［69］孟昕，黄少卿．中国城市的失业、消费平滑和预防性储蓄［J］．经济社会体制比较，2001（06）：40－50．

［70］米红，任正委．家庭户电力消费的年龄性别模式与节

电减排的政策选择 [J]. 人口研究, 2014 (04): 37 - 49.

[71] 米红, 刘悦, 冯广刚. 中国老年人口健康状态变动的辨识及影响因素的评估分析——基于 SSAPUR 2015 - 2016 年面板数据 [J]. 人口学刊, 2020, 42 (04): 42 - 55.

[72] 秦永超. 乡村振兴背景下老年人福祉治理的责任分担研究——基于 CHARLS 数据的实证分析 [J]. 理论月刊, 2021 (10): 107 - 117.

[73] 彭希哲, 胡湛. 公共政策视角下的中国人口老龄化 [J]. 中国社会科学, 2011 (03): 121 - 138.

[74] 彭希哲, 郭德君. 老龄化应对与当代社会基础性孝伦理体系的构建——基于传统"二十四孝"的批判性分析 [J]. 探索, 2018 (02): 159 - 165.

[75] 彭希哲, 郭德君. 孝伦理重构与老龄化的应对 [J]. 社会科学文摘, 2016 (11): 61 - 63.

[76] 齐红倩, 杨燕. 中国城乡老年人口多维贫困测度及减贫效应研究 [J]. 现代经济探讨, 2022 (01): 47 - 57.

[77] 乔晓春. 如何满足未满足的养老需求——兼论养老服务体系建设 [J]. 社会政策研究, 2020 (01): 19 - 36.

[78] 冉净斐. 农村社会保障制度与消费需求增长的关系研究 [J]. 南方经济, 2004 (02): 74 - 76.

[79] 尚进云. 低收入老年家庭经济福祉及收入一揽子计划变迁研究 (1988—2018 年) [J]. 济南大学学报 (社会科学版), 2021, 31 (05): 43 - 57, 174.

[80] 尚进云, Kenneth Howse, 孙晶晶. 基于广义经济福祉的农村老年家庭收入研究 (1988—2018 年) [J]. 山东社会科学, 2021 (07): 124 - 131.

[81] 任远. 老龄消费市场初探 [J]. 市场与人口分析,

1995（03）：46-49.

［82］沈坤荣，谢勇．不确定性与中国城镇居民储蓄率的实证研究［J］．金融研究，2012（03）：1-13.

［83］石贝贝．我国城乡老年人口消费的实证研究——兼论"退休—消费之谜"［J］．人口研究，2017，41（03）：53-64.

［84］石贝贝．积极推动老年人消费升级［N］．中国人口报，2020-10-19（003）.

［85］世界卫生组织．中国老龄化与健康国家评估报告，2016.

［86］宋明月，臧旭恒．我国居民预防性储蓄重要性的测度——来自微观数据的证据［J］．经济学家，2016（01）：89-97.

［87］宋铮．中国居民储蓄行为研究［J］．金融研究，1999（06）：47-51.

［88］孙凤．中国居民的不确定性分析［J］．南开经济研究，2002（02）：58-63.

［89］孙金刚，张丽．中国农村消费需求的制约因素及对策初探［J］．北京农学院学报，2009（04）：65-67.

［90］唐雄英．经济欠发达地区农村老年消费行为的研究［D］．湖南师范大学，2011.

［91］唐雁明，刘利鸽，刘红升．陕西关中地区农村老人的家庭代际关系研究——基于代际团结—冲突理论的分析［J］．统计与管理，2021，36（12）：89-94.

［92］夏春萍，郭从军，蔡轶．湖北省农村中老年人的机构养老意愿及其影响因素研究——基于计划行为理论的个人意志因素［J］．社会保障研究，2017（02）：47-55.

［93］田青，高铁梅．转轨时期我国城镇不同收入群体消费行为影响因素分析——兼谈居民消费过度敏感性和不确定性

[J]. 南开经济研究, 2009 (05): 124－134.

[94] 田青. 收入分配和不确定性对城镇居民消费的影响——基于动态面板模型的检验 [J]. 财经问题研究, 2011 (05): 104－109.

[95] 仝利民. 老年社会工作 [M]. 上海: 华东理工大学出版社, 2006.

[96] 涂尔干. 社会分工论 [M]. 渠东译. 北京: 三联书店, 2000.

[97] 万广华, 张茵, 牛建高. 流动性约束、不确定性与中国居民消费 [J]. 经济研究, 2001 (11): 35－44.

[98] 汪浩瀚, 郝梅瑞. 凯恩斯不确定性经济理论的形成机制 [J]. 财经理论与实践, 2006 (02): 2－6.

[99] 王端. 下岗风险与消费需求 [J]. 经济研究, 2000 (02): 72－76.

[100] 王莉莉. 中国老年人社会参与的理论、实证与政策研究综述 [J]. 人口与发展, 2011 (03): 35－43.

[101] 王菲. 我国城市老年人消费行为的实证研究 [J]. 人口与发展, 2015, 21 (03): 101－112.

[102] 王美华, 尹新瑞. 代际团结还是代际竞争? ——中间代的代际支持结构及其对生活满意度的影响 [J]. 天府新论, 2020 (03): 110－117.

[103] 王健宇, 徐会奇. 收入不确定性对农民消费的影响研究 [J]. 当代经济科学, 2010 (02): 54－60.

[104] 王健宇. 收入不确定性的测算方法研究 [J]. 统计研究, 2010 (09): 58－64.

[105] 王金水, 许琪. 居住安排、代际支持与老年人的主观福祉 [J]. 社会发展研究, 2020, 7 (03): 193－208, 245.

[106] 王金营, 付秀彬. 考虑人口年龄结构变动的中国消费

函数计量分析——兼论中国人口老龄化对消费的影响［J］. 人口研究, 2006 (01)：29 - 36.

［107］王克稳, 李敬强, 徐会奇. 不确定性对中国农村居民消费行为的影响研究——消费不确定性和收入不确定性的双重视角［J］. 经济科学, 2013 (05)：88 - 96.

［108］王克稳, 徐会奇, 李敬强. 基于居民心理感知的不确定性测量研究［J］. 统计研究, 2012 (09)：37 - 43.

［109］王宁. 传统消费行为与消费方式的转型——关于扩大内需的一个社会学视角［J］. 广东社会科学, 2003 (02)：148 - 153.

［110］王少辉, 李富有. 中国老年群体消费结构、需求特征和行为决策［J］. 北京社会科学, 2021 (08)：119 - 128.

［111］王裔艳. 国外老年社会学理论研究综述［J］. 南京人口管理干部学院学报, 2004 (2)：37 - 41.

［112］王震. 中国农村贫困居民消费结构研究［J］. 中南大学学报 (社会科学版), 2017, 23 (03)：96 - 103.

［113］韦伯. 新教伦理与资本主义精神［M］. 康乐, 简惠美译. 广西：广西师范大学出版社, 2007.

［114］韦宏耀, 钟涨宝. 双元孝道、家庭价值观与子女赡养行为——基于中国综合社会调查数据的实证分析［J］. 南方人口, 2015, 30 (05)：52 - 63.

［115］魏瑾瑞, 张睿凌. 老龄化、老年家庭消费与补偿消费行为［J］. 统计研究, 2019, 36 (10)：87 - 99.

［116］万媛媛, 曾雁冰, 方亚. 劳动参与对退休老年群体健康的影响研究［J］. 中国卫生政策研究, 2021, 14 (01)：59 - 65.

［117］温兴祥. 失业、失业风险与农民工家庭消费［J］. 南开经济研究, 2015 (06)：110 - 128.

［118］邬沧萍. 老年社会学［M］. 北京：中国人民大学出

版社，1999.

［119］邬沧萍，彭青云．重新诠释"积极老龄化"的科学内涵［N］．中国社会科学报，2017－11－01（006）．

［120］吴敏．中国老年人主观预期寿命与消费行为［J］．老龄科学研究，2019（1）：50－60.

［121］吴敏．农村老年人劳动参与意愿的经济因素分析［J］．人口与发展，2016（02）：56－63.

［122］吴敏，熊鹰．年龄、时期和队列视角下中国老年消费变迁［J］．人口与经济，2021（05）：69－80.

［123］吴石英，马芒．人口变动、消费结构与居民消费潜力释放——基于省际动态面板数据的 GMM 分析［J］．当代经济管理，2018，40（04）：8－15.

［124］吴伟．代际经济支持的邻近效应——基于 CHARLS 的经验证据［J］．人口与经济，2021（06）：68－87.

［125］吴伟东．社会保险会降低农民工的储蓄率吗？——基于上海等城市的实证研究［J］．兰州学刊，2016（08）：193－202.

［126］吴玉韶．对老龄产业几个基本问题的认识［J］．老龄科学研究，2014，2（01）：3－12.

［127］谢立中．两方社会学名著摘要［M］．南昌：江西人民出版社，2007.

［128］谢永飞，程剑波，郑诗泽．流动儿童家庭教育投入的实证研究——一个基于资源稀释理论的分析［J］．云南行政学院学报，2018，20（06）：159－163.

［129］熊波．孝道观念与成年子女的代际支持——基于中国三地农村的考察［J］．山东社会科学，2016（04）：52－58.

［130］徐会奇，卢强，王克稳．农村居民收入不确定性对消费的影响研究——基于灰色关联分析［J］．华东经济管理，2014

（02）：29 – 33.

［131］徐舒，赵绍阳. 养老金"双轨制"对城镇居民生命周期消费差距的影响［J］. 经济研究，2013（01）：83 – 98.

［132］亚森江. 阿布都古丽. 社会养老保障对农村老年多维贫困的影响［J］. 统计与决策，2021，37（06）：100 – 103.

［133］杨成钢，石贝贝. 中国老年人口消费的影响因素分析［J］. 西南民族大学学报（人文社科版），2017，38（07）：186 – 194.

［134］杨红娟. 老年人消费安全问题的提出及理论建构［J］. 人口与社会，2018，34（02）：45 – 51.

［135］杨继军，张二震. 人口年龄结构、养老保险制度转轨对居民储蓄率的影响［J］. 中国社会科学，2013（08）：47 – 66.

［136］杨菊华. 人口转变与老年贫困［M］. 北京：中国人民大学出版社，2011.

［137］杨菊华，李路路. 代际互动与家庭凝聚力——东亚国家和地区比较研究［J］. 社会学研究，2009，24（03）：26 – 533.

［138］杨立雄. 北京市老龄产业发展研究［J］. 中国软科学，2017（03）：74 – 83.

［139］杨丽，陈超. 医疗公共品供给对农村居民消费的影响——基于预防性储蓄的视角［J］. 农业技术经济，2015（09）：57 – 63.

［140］杨琦，尹华北，张振环. 农民工消费的习惯形成效应及代际差异研究——采用 CHIPS、CLDS 和 CGSS 微观调查数据的组群分析［J］. 西部论坛，2020，30（05）：22 – 31.

［141］杨赞，赵丽清，陈杰. 中国城镇老年家庭的消费行为特征研究［J］. 统计研究，2013（12）：83 – 88.

［142］尹清非. 行为经济学在消费领域的一个应用——简评行为生命周期理论［J］. 求索，2003（04）：16 – 18.

［143］尹星星，周榕．社会经济地位、代际支持行为与老年健康贫困——基于五地 2113 名城市独居老人的实证分析［J］．人口与发展，2021，27（05）：46－57.

［144］应斌．我国老年消费者心理年龄研究［J］．管理世界，2009（05）：182－183.

［145］于学军．中国人口老化的经济学研究［M］．北京：中国人口出版社，1995.

［146］原新．老年人消费需求与满足需求能力基本关系的判断［J］．广东社会科学，2002（03）：122－127.

［147］岳爱，杨矗，常芳，等．新型农村社会养老保险对家庭日常费用支出的影响［J］．管理世界，2013（08）：101－108.

［148］臧文斌，刘国恩，徐菲，等．中国城镇居民基本医疗保险对家庭消费的影响［J］．经济研究，2012（07）：75－85.

［149］臧旭恒，裴春霞．预防性储蓄、流动性约束与中国居民消费计量分析［J］．经济学动态，2004（12）：28－31.

［150］曾毅，顾大男，Jama Purser，等．社会、经济与环境因素对老年健康和死亡的影响——基于中国 22 省份的抽样调查［J］．中国卫生政策研究，2014，7（6）：53－62.

［151］张彬斌，陆万军．中国家庭存在退休者消费之谜吗？——基于 CHARLS 数据的实证检验［J］．劳动经济研究，2014，2（04）：103－120.

［152］张兵，王翌秋，许景婷．江苏省农村老年人医疗消费行为研究——以苏北农村地区为例［J］．南京工业大学学报（社会科学版），2008（4）：29－34.

［153］张纯元．中国人口老化与未来市场［J］．市场与人口分析，1994（01）：44－46.

［154］张栋．代际支持、社会网络对老年人生活质量的影

响——基于老化态度的中介效应分析［J］. 中国劳动关系学院学报, 2021, 35（03）: 15 - 25.

［155］张航空. 儿子、女儿与代际支持［J］. 人口与发展, 2012（05）: 17 - 25.

［156］张华初, 刘胜蓝. 失业风险对流动人口消费的影响［J］. 经济评论, 2015（02）: 68 - 77.

［157］张岭泉, 邬沧萍, 段世江. 解读农村老年人的"零消费"现象［J］. 甘肃社会科学, 2008（01）: 211 - 214.

［158］张世平. 年龄分层理论与青年研究［J］. 青年研究, 1988（03）: 6 - 7.

［159］张文娟, 付敏. 长寿的挑战——对中国高龄老年人临终照料者的分析［J］. 人口学刊, 2021, 43（05）: 76 - 87.

［160］张文娟, 王东京. 中国老年人口的健康状况及变化趋势［J］. 人口与经济, 2018（04）: 86 - 98.

［161］张文娟, 魏蒙. 中国老年人的失能水平和时间估计: 基于合并数据的分析［J］. 人口研究, 2015（5）: 3 - 14.

［162］张展新. 城市本地和农村外来劳动力的失业风险——来自上海等五城市的发现［J］. 中国人口科学, 2006（01）: 52 - 59.

［163］赵宝华. 试论中国老年消费市场及其对策［J］. 市场与人口分析, 1999（06）: 25 - 27.

［164］赵昭, 张晨. 中国老年消费市场现状分析［J］. 经济研究导刊, 2015（16）. 65 - 66.

［165］钟慧, 邓力源. 风险态度、社会网络与家庭消费［J］. 消费经济, 2015（04）: 71 - 75.

［166］钟粤俊, 董志强. 更多兄弟姐妹是否降低个人教育成就?——来自中国家庭的微观证据［J］. 财经研究, 2018, 44

(02)：75 – 89.

［167］周环，瞿佳颖. 从西方消费理论看我国老年市场需求不足的原因及启示［J］. 世界经济情况，2005（21）：22 – 25.

［168］周吉梅，舒元. 失业风险与城镇居民消费行为［J］. 中山大学学报（社会科学版），2004（03）：71 – 75.

［169］周坚，何梦玲. 代际支持对老年人生活满意度的影响——基于 CLHLS2014 年数据的实证分析［J］. 中国老年学杂志，2019，39（07）：1730 – 1733.

［170］朱信凯. "浴盆"曲线假说及验证：中国农户消费行为分析［J］. 经济学动态，2004（11）：60 – 63.

［171］朱信凯. 中国农户消费函数研究［D］. 华中农业大学，2003.

［172］邹红，喻开志，李奥蕾. 养老保险和医疗保险对城镇家庭消费的影响研究［J］. 统计研究，2013（11）：60 – 67.

［173］Anstey K, Byles J E, Luszcz, et al. Cohort profile：The dynamic analyses to optimize ageing（DYNOPTA）project［J］. International Journal of Epidemiology，2010，39（1）：44 – 51.

［174］Antonovsky A, Sourani T. Family sense of coherence and family adaptation［J］. Journal of Marriage and Family，1988，50(1)：79 – 92.

［175］Aydede Y. Saving and social security wealth：A case of Turkey［R］. Networks Financial Institute Working Paper，2007.

［176］Baltes P B, Smith J. Multilevel and systemic analyses of old age. Theoretical and empirical evidence for a fourth age［A］. In：Bengtson VL, Schaie KW（Eds.）. Handbook of theories of aging［C］. New York：Springer Publishing，1999：153 – 173.

［177］Banks J, Blundell R, Tanner S. Is there a retirement savings puzzle? [J]. American Economic review, 1998(4): 769 –788.

[178] Batini F, Corallino V, Toti G, Bartolucci M. NEET: A phenomenom yet to be explored[J]. Interchange, 2017, 48: 19 –37.

[179] Battistin E, Brugiavini A, Rettore E, et al. The retirement consumption puzzle: Evidence from a regression discontinuity approach [J]. American Economic Review, 2009, 99(5): 2209 –2226.

[180] Becker G S, Tomes N. An equilibrium theory of the distribution of income and intergenerational mobility[J]. Journal of political economy, 1979, 87(6): 1153 –1189.

[181] Bernheim B D, Skinner J, Weinberg S. What accounts for the variation in retirement wealth among households? [J]. American Economic Review, 2001(4): 832 –857.

[182] Blake J. Family size and the quality of children[J]. Demography, 1981, 18: 421 –442.

[183] Caballero RJ. Earnings uncertainty and aggregate wealth accumulation[J]. The American Economic Review, 1991: 859 –871.

[184] GaltonF. Hereditary genius: An inquiry into its laws and consequences [M]. London: Macmillan, 1869.

[185] Carroll C D, Dynan K E, Krane S D. Unemployment risk and precautionary wealth: Evidence from households' balance sheets [J]. The Review of Economics and Statistics, 2003, 85(3): 586 –604.

[186] Carroll C D, Samwick A A. The nature of precautionary wealth[J]. Journal of Monetary Economics, 1997, 40(1): 41 –71.

[187] Carroll C D. How does future income affect current consumption? [J]. The Quarterly Journal of Economics, 1994, 109(1): 111 –148.

[188] Chen F, Liu G, Mair C A. Intergenerational ties in con-

text: Grandparents caring for grandchildren in China [J]. Social Forces, 2011, 90: 571 – 594.

[189] Cheng M, Berman S. Globalization and identity development: A Chinese perspective[J]. Identity Around the World, 2012, 138: 103 – 121.

[190] Clark K E, Ladd G W. Connectedness and autonomy support in parent-child relationships: Links to children's socioemotional orientation and peer relationships[J]. Developmental Psychology, 2000, 36(4): 485 – 498.

[191] Cobb S, Sidney M D. Social support as moderator of life stress[J]. Psychosomatic Medicine, 1976, 38(5): 300 – 314.

[192] Cohen S. Social relationships and health [J]. American Psychologist, 2004, 59(8): 676 – 684.

[193] Coxa D, Stark O. On the demand for grandchildren: Tied transfersand the demonstration effect[J]. Journal of Public Economics, 2005, 89(9 – 10): 1665 – 1697.

[194] Cumming E, Henry W E. Growing old, the process of disengagement[M]. Basic Books, 1961.

[195] Dalton M, ONeill B, Prskawetz A, et al. Population aging and future carbon emissions in the United States[J]. Energy economics, 2008, 30(2): 642 – 675.

[196] Dardanoni V. Precautionary savings under income uncertainty: A cross-sectional analysis[J]. Applied Economics, 1991, 23 (1): 153 – 160.

[197] Davies J B, Sandström S, Shorrocks A, et al. The global pattern of household wealth [J]. Journal of International Development, 2009, 21(8): 1111 – 1124.

[198] Davies J B, Sandström S, Shorrocks A, et al. The world distribution of household wealth [R]. Discussion Paper, Helsinki: UNU-WIDER, 2008.

[199] De Nardi M, French E, Jones J B. Differential mortality, uncertain medical expenses, and the saving of elderly singles[R]. National Bureau of Economic Research, 2006.

[200] Deaton A, Muellbauer J. An almost ideal demand system [J]. American Economic Review, 1980, 70(3): 312-326.

[201] Deaton A. Saving and liquidity constraint[J]. Economitrica, 1991, 59(5): 1221-1248.

[202] Deaton A. Saving and liquidity constraints [R]. National Bureau of Economic Research, 1989.

[203] Deaton A. The analysis of household surveys: A micro econometric approach to development policy [M]. Johns Hopkins University Press, Baltimore and London, 1997.

[204] Dolde W, Tobin J. Wealth, liquidity, and consumption [R]. Cowles Foundation for Research in Economics, Yale University, 1971.

[205] Dukhovnov D, Zagheni E. Who takes care of whom in the United States? Time transfers by age and sex[J]. Population and Development Review, 2015, 41: 183-206.

[206] Engen E M, Gruber J. Unemployment insurance and precautionary saving [J]. Journal of Monetary Economics, 2001, 47(3): 545-579.

[207] Feenberg D, Skinner J. The risk and duration of catastrophic health care expenditures[J]. The Review of Economics and Statistics, 1994, 74(4): 633-637.

[208] Feldstein M. Social security, induced retirement, and aggregate capital accumulation[J]. Journal of Political Economy, 1974, 82(5): 905 – 926.

[209] Flemming J S. The consumption function when capital markets are imperfect: The permanentincome hypothesis reconsidered [J]. Oxford Economic Papers, 1973, 25(2): 160 – 172.

[210] Friedman M. A theory of the consumption function[J]. Journal of the Royal Statistical Society, 1958, 121(1): 123 – 126.

[211] Fu G, Li Y, Fei X. The evolution of urban wedding consumption in China since 1970s[J]. Journal of Contemporary Marketing Science, 2018, 1(1): 163 – 175.

[212] Gans D, Lowenstein A, Katz R, Zissimopoulos, J. Is there a tradeoff between caring for children and caring for parents? [J]. Journal of Comparative Family Studies, 2013, 44: 455 – 471.

[213] Garfinkel H. Ethnomethodology's program[J]. Social Psychology Quarterly, 1966, 59(1): 5 – 21.

[214] Garfinkel H. Conditions of successful degradation ceremonies[J]. American journal of Sociology, 1956, 61(5): 420 – 424.

[215] Gormley T, Liu H, Zhou G. Limited participation and consumption-saving puzzles: A simple explanation and the role ofinsurance [J]. Journal of Financial Economics, 2010, 96(2): 331 – 344.

[216] Gruber J. The consumption smoothing benefits of unemployment insurance[R]. National Bureau of Economic Research, 1994.

[217] Grundy E. Henertta J C. Between elderly parents and adult children: A new look at the intergenerational care provided by the 'sandwich generation'[J]. Ageing and Society, 2006, 26: 707 – 722.

[218] Guiso L, Jappelli T, Terlizzese D. Income risk, borrowing

constraints, and portfolio choice [J]. The American Economic Review, 1996, 86(1): 158 –172.

[219] Guiso L, Terlizzese D. Dissaving by the elderly, transfer motives and liquidityconstraints[R]. National Bureau of Economic Research, 1993.

[220] Hall R E. The rational consumer: Theory and evidence [M]. Boston: MIT Press, 1990.

[221] Havighurst R J, Albrecht R. Older people[M]. New York: Longmans, Green, 1953.

[222] Hayflick L. The establishment of a line (WISH) of human amnion cells in continuous cultivation [J]. Experimental Cell Research, 1961, 23(1): 14 –20.

[223] Hurd M, Rohwedder S. The retirement-consumption puzzles anticipated and actual declines in spending at retirement [R]. National Bureau of Economic Research, 2003.

[224] Ilies R, Wilson K S, Wagner D T. The spillover of daily job satisfaction onto employees'family lives: The facilitating role of work-family integration[J], Academy of Management Journal, 2009, 52(1): 87 –102.

[225] Jiang Q, Li Y, Sánchez-Barricarte J J. Fertility intention, son preference, and second childbirth: Survey findings from Shanxi province of China[J]. Social Indicators Research, 2016, 125: 935 –953.

[226] Kalmijn M. The effects of ageing on intergenerational support exchange: A new look at the hypothesis of flow reversal[J]. European Journal of Population, 2019, 35: 263 –284.

[227] Kazarosian M. Precautionary savings—a panel study[J]. Review of Economics and Statistics, 1997, 79(2): 241 –247.

［228］Kotlikoff L J, Summers L H. The role of intergenerational transfers in aggregate capital accumulation［J］. Journal of Political Economy, 1981, 89(4): 706 – 732.

［229］Lee G R, Netzer J K, Coward R T. Filial responsibility expectations and patterns of intergenerational assistance［J］. Journal of Marriage and the Family, 1994, 56: 559 – 565.

［230］Leland H E. Saving and uncertainty: The precautionary demand for saving［J］. The Quarterly Journal of Economics, 1968, 82 (3): 465 – 473.

［231］Lin J P, Yi C C. Filial norms and intergenerational support to aging parents in China and Taiwan［J］. International Journal of Social Welfare, 2011, 20: S109 – S120.

［232］Liu H, Feng Z, Jiang Q, Feldman M W. Family structure and competing demands from aging parents and adult children among middle-aged people in China［J］. Journal of Family Issue, 2019, 41 (2): 1 – 27.

［233］Lundberg S, Startz R, Stillman S, The retirement consumption puzzle: A marital bargaining approach［J］. Journal of Public Economics, 2003(87): 1199 – 1218.

［234］Lundholm E, Malmberg G. Between elderly parents and grandchildren: Geographic proximity and trends in four-generation families［J］. Population Ageing, 2009, 2: 121 – 137.

［235］Luo B, Zhan H. Filial piety and functional support: Understanding intergenerational solidarity among families with migrated children in rural China［J］. Ageing International, 2012, 37: 69 – 92.

［236］Lusardi A. On the importance of the precautionary saving motive［J］. The American Economic Review, 1998, 88(2): 449 – 453.

[237] Mankiw N G, Weil D N. The baby boom, the baby bust, and the housing market[J]. Regional Science and Urban Economics, 1989, 19(2): 235 –258.

[238] Martin B. Crossley T F. The life-cycle model of consumption and saving[J]. The Journal of Economic Perspectives, 2001, 15 (3): 3 –22.

[239] Mead, Culture and commitment[R]. natural history press, New York, England, 1970.

[240] Meng X. Unemployment, consumption smoothing, and precautionary saving in urban China[J]. Journal of Comparative Economics, 2003, 31(3): 465 –485.

[241] Murray C J, Chen L C. Understanding morbidity change [J]. Population and Development Review, 1992, 18(3): 489.

[242] Ogburn W F. The changing family[J]. The Family, 1938, 19(5): 139 –143.

[243] O'neill B C, Chen B S. Demographic determinants of household energy use in the United States[J]. Population and Development Review, 2002, 28: 53 –88.

[244] Palumbo M G. Uncertain medical expenses and precautionary saving near the end of life cycle[J]. The Economic Studies, 1999, 66(2): 395 –421.

[245] Paxson C H. Using weather variability to estimate the response of savings to transitory income in Thailand[J]. The American Economic Review, 1992, 82(1): 15 –33.

[246] Pierret C R. The "sandwich generation": Women caring for parents and children[J]. Monthly Labor Review, 129(9): 3 –9.

[247] Rachel M, Ran T, Xi, L. Son preference in rural China:

Patrilineal families and socioeconomic change[J]. Population and Development Review, 37(4): 665 – 690.

[248] Riley M W, Johnson M, Foner A. A sociology of age stratification[M]. Russell Sage Foundation, 1972.

[249] Sarah S. Can the retirement-consumption puzzle be resolved? Evidence from the British household panel survey [R]. The Institute of Fiscal Studies, 2004.

[250] Schutz W. Beyond FIRO-B—Three new theory-derived measures—Element B: Behavior, Element F: Feelings, Element S: Self [J]. Psychological Reports, 1992, 70(3): 915 – 937.

[251] Settles B H, Sheng X, Zang Y, Zhao J. The one-child policy and its impact on Chinese families[A]. In C. Kwok-bun(Eds), International Handbook of Chinese Families(pp. 627 – 646)[C]. Springer, New York, N Y.

[252] Shefrin H M, Thaler R H. The behavioral lifecycle hypothesis[J]. Economic Inquiry, 1988, 26(4): 609 – 643.

[253] Silverstein M, Gans D, Yang F M. Intergenerational support to aging parents: The role of norms and needs[J]. Journal of Family Issues, 2006, 27(8): 1068 – 1084.

[254] Silverstein M, Giarrusso R. Aging and family life: A decade review[J]. Journal of Marriage and Family, 72(5): 1039 – 1058.

[255] Skinner J. Risky income, life-cycle consumption, and precautionary saving[J]. Journal of Monetary Economics, 1988, 22(2): 237 – 255.

[256] Starr-McCluer M. Health insurance and precautionary savings [J]. The American Economic Review, 1996, 86(1): 285 – 295.

[257] Stephens M. Job loss expectations, realizations, and

household consumption behavior[J]. The Review of Economics and statistics, 2004, 86(1): 253 -269.

[258] Swartz T T. Intergenerational family relations in adulthood: Patterns, variations, and implications in the contemporary United States[J]. Annual Review of Sociology, 2009, 35(1): 191 -212.

[259] Tam C, Busiol D, Lee, T. A review of research on "neither in employment, education, or training" (neet) youth in Hong Kong[J]. International Journal of Child and Adolescent Health, 2016, 9(4): 405 -412.

[260] Thorslund M, Lundberg O. Health and Inequalities among the oldest old[J]. Journal of Aging and Health, 1994, 6(1): 51 -69.

[261] Wickens L, Greeff A P. Sense of family coherence and the utilization of resources by first-year students[J]. The American Journal of Family Therapy, 2005, 33(5): 427 -441.

[262] Wu Y, Dong W, Xu Y et al. Financial transfers from adult children and depressive symptoms among mid-aged and elderly residents in China-evidence from the China health and retirement longitudinal study[J]. BMC Public Health, 2018, 18(882): 1 -8.

[263] Yang Y, Land K C. A mixed approach to the age-period-cohort analysis of repeated cross-section surveys, with an application to data trends in verbal test scores[J]. Sociological Methodology, 2006, 36(1): 75 -97.

[264] Yogo M. Portfolio choice in retirement: Health risk and the demand for annuities, housing, and risky assets[J]. Journal of Monetary Economics, 2016, 80: 17 -34.

[265] Zant W. Social security wealth and aggregate consumption: An extended life-cycle model estimated for the netherlands[J]. De Economist, 1988, 136(1): 136 -153.

后　记

　　从初入学堂到如今成为一名教师，已然 26 个年头。各种滋味、百感心酸，只能自己体会。学龄时代，农村家庭上学机会不多，兄弟姊妹多的农村女孩上学机会更少。很巧，我是农村多姊妹家庭中的一位女儿。父母作为村里少有的对知识充满期待的人，经常念叨："老一辈吃了不识字的亏，虽然你们兄弟姊妹多，但再难也要让你们进课堂，以后打工会算工资免得被黑心老板坑。"孩童关于为什么读书的认知早早建立起来，即上学是为了外出打工之便。童年的另一个记忆则是，父母带着刚卖完稻子所换回的一摞绿色钞票，牵着高矮不齐的四个孩子去村小学缴费领取新教材。父母虽是农民，每天日出而作日落而息，但却陪着我们度过了无忧无虑的童年以及少年时光。

　　初中是在离家 10 千米的镇上。极简的乡镇，让我第一次对城乡落差有了分明，也多了自卑与心事。班上镇里的小孩似乎总高人一等，连学生之间摩擦或争执后，老师也多偏袒镇上的孩子。还算幸运，考试卷上的分数尚能增添一些信心。初一结束，第一次在"城里"领取了全校优秀奖，突如其来的荣誉让十一二岁的少年突然知道了成绩的作用和价值。那个周末放假回家，脚下的自行车蹬得飞快，迫不及待想告诉父母。除了文化课，音乐、美术简直是噩梦般的存在，我可以拿着铁锹去地里挖泥鳅，却难以在教室里安静片刻去学习那些"怪异"的五线谱。父母曾多次对我说，如果考不上县城最好的高中，就辍学打工。同龄的朋友们，小学尚未毕业已经离家学艺，父母的要求似乎不过分。中考后突如其来的水痘陪伴了那段揪心的时光，没有手机电脑、不会上网查询，直至成绩下来、录取通知书送至班主任家里。8月的夏日，踩着陪伴了三年的自行车到班主任家，脸上还是水痘尚未完全消退的坑坑洼洼。事不遂人意，录取通知书上并非县城最好的高中。永远难忘班主任乐呵呵的笑脸，"成绩还是不错的，要你爸爸给每位任课老师买包烟，高兴下"。满脸的痘印本就让青春期的我倍感无面，别人眼中的"不错"却是参与某种"赌注"后的败局。

中考那年，父母同村里绝大多数人一样外出打工，略微改善了家里窘迫的经济状况。长我五岁的姐姐此时已经成为家里重要的劳动力，她除了留点生活费，其余的钱全给了父母。虽然中考没能如父母所愿，但好在姐姐能挣钱了，我作为不那么急缺的劳动力而顺利入了学。到了高中，算是再次进城，也更深刻感受到人与人之间的差距，无论是智力学习还是家庭环境。那时的我不爱说话，也不知道和别人讲什么。幸运如昨，遇到了三位特别好的朋友，一位在经济上给予我很多帮助，总在没有生活费时及时借钱给我；一位总在学习上给我鼓励打气；还一位陪伴了我高中生活绝大多数周末半天休息时光。没有奇迹，没有惊喜，高考成绩不惊艳不拉跨，普普通通。作为村里的第一个女大学生，听起来似乎有点唬人。

随后步入大学，按部就班念了研究生，直到博士毕业，成为一名普通的高校教师。直至现在，仍始终难忘二舅时刻挂在嘴边的叨叨，就连上大学那会也经常听到他说，"什么时候去打工？把你妈的钱都花完了，你表姐和表妹打工都挣了十几万了"。那时周围念书的女孩很少，当我和"很多的别人"不一样时，总能听到质疑和揶揄，不论对错与是非。所幸，在磕磕绊绊、跌跌撞撞的求学旅途中，遇到了很多优秀的师友、三观一致的朋友。作为一名普通人，我异常不起眼；但对于无数农村女孩来说，我无疑是当时受命运眷顾的幸运儿。每当遇到困难、走入情绪低谷时，师友们的帮助与鼓励令我的求学之路并不孤独。父母抛开重男轻女的约束与压力，极力支持我的选择。长姐如母，姐姐一直扮演着这样的角色。她年长我五岁，尚未成年就已退学，却一直积极乐观向上，每次在我遇到困惑时总是鼓励褒扬，平时也总是有意无意给我包办各种生活用品，减轻我求学中的经济压力与负担。妹妹小我两岁，她将自己上学的机会让予我却无丝毫怨言。在生活中不善对朋友、家人表达情感，借书稿完成之时，郑重道一声"感恩"。

生活没有反转与奇迹，此时此刻，与大多数人一样，我依然平庸且忙碌。不同的生活轨迹没有好坏之分、无优劣之别，无论是像我这样踮着脚才够着了大学入场券，还是像舅舅家的表姐妹一般小学毕业就开始学艺打工之旅。每个人都在临摹自己往前的那条路，唯有坚持初心，积极向上，不负年华。

吴敏

2022 年 3 月